¡POWER
PEOPLE!

GENTE DE POTENCIAL

SONIA GONZÁLEZ A.

¡POWER PEOPLE!

GENTE DE POTENCIAL

El poder de la comunicación inteligente

GRUPO NELSON
Una división de Thomas Nelson Publishers
Desde 1798

NASHVILLE   DALLAS   MÉXICO DF.   RÍO DE JANEIRO

Editora en Jefe: *Graciela Lelli*
Diseño: *Grupo Nivel Uno, Inc.*

DEDICATORIA

A Daniel y Ángela María, por ser los mejores frutos de mi inteligencia comunicacional. Porque son la verdadera marca ¡Power people! Extrema.

A cada una de las 15.000 personas —entre ellas: presidentes, vicepresidentes, directivos, gerentes y diversos egresados de universidades— que he entrenado en sus competencias de comunicación en Colombia y el exterior. Porque me satisface ver su crecimiento como gente de potencial. Exponencial.

A mi editorial, HarperCollins, por invitarme a integrar las grandes ligas de sus autores más vendidos internacionales. Me motiva contar con su sello en el lomo de mis libros. Extraordinario.

A Dios, a quien amo con todo mi corazón. Por ser la principal fuente de inspiración en mi vida. Porque al darme el extraordinario don de la comunicación, me permitió ser feliz y promover la felicidad de miles. Puro power. Excelente.

Gracias.

CONTENIDO

TESTIMONIOS

«A través de mis múltiples años de experiencia ejecutiva de primer nivel en altas organizaciones colombianas, y ahora como director y facilitador de Executive Forums en Colombia, puedo afirmar que una de las competencias más importantes que puede tener un líder es su capacidad de impactar y de comunicar a los demás. Ochenta por ciento del éxito de una persona depende de su capacidad para comunicarse con los demás. El veinte por ciento es su preparación técnica y académica. Por lo tanto, la comunicación es la clave del éxito. Por eso creo que este libro de Sonia González A. es una herramienta que debe estar en el escritorio de todos los líderes empresariales de Colombia».

—Álvaro Escallón Emiliani, presidente Executive Forums,
International Business Partner; expresidente La Previsora,
Leasing Bolívar S.A., Codere S.A.

«¿Qué es un líder que no sabe comunicar? Nada. ¿Cuántos de nosotros hemos sido entrenados para reconocerlo? Muy pocos. Ahora tenemos la oportunidad. El plan de vuelo para poder hacer ese viaje. Los invito a seguirlo. A que reconozcamos esos elementos de la comunicación que cada uno de nosotros necesita, como los líderes que debemos ser».

—Mauricio Lombana, vicepresidente Healthcare Siemens

«El liderazgo transformador está basado en una comunicación de alto impacto. Siempre acompañado de confianza y credibilidad. Solo así podrá lograr las tres dimensiones del líder de alto impacto: liderarse a sí mismo, a los demás y a la organización. Los invito a inspirarse en este libro: ¡Power people!... El poder de la comunicación inteligente».

—Raúl Escobar Alzate, dirigente de COOMEVA, coach internacional

«En mi experiencia como líder, como coach, como directivo y como padre, he podido comprobar los efectos que produce ese don maravilloso de la comunicación. Gracias a Sonia por ese regalo que nos da la oportunidad de viajar al interior de cada uno de nosotros. No se lo pierdan».

—Carlos Eduardo Cujiño, exvicepresidente de mercadeo, Liberty Seguros; coach empresarial

«En mi experiencia como responsable en áreas de servicios al cliente y mercadeo, considero que la comunicación con las personas juega un papel muy importante. Es necesario entender qué los motiva a vivir experiencias extraordinarias y qué efecto transformador genera para impactar a otros y estos otros a su vez a muchas personas. Por eso recomiendo ¡Power people!».

—Jorge Giraldo, exresponsable de servicio al cliente en Helm Bank, Banco Falabella, asesor del ICETEX

«Tal como lo dice la autora, lo importante son los temas del corazón. La proyección de mi humanidad y la percepción de la humanidad de los otros es lo que me permite tener una comunicación inteligente. Este libro lo lleva a uno de una manera deliciosa a descubrir esa individualidad que es irrepetible e irremplazable, propia de cada uno. En mi labor en una entidad pública, mi sueño es que todos los funcionarios que atienden público todos los días se lean, se gocen y apliquen el ¡Power people!».

—Amparo Barbosa Navas, directora de servicio al ciudadano,
Secretaría Distrital de Planeación, Bogotá

El secreto de la sabiduría, del poder
y del conocimiento es la humildad.

—ERNEST HEMINGWAY (1899–1961)[1]

PRÓLOGO

La comunicación

«Vamos a tomar un café y platiquemos al respecto».

A mí me encanta hablar con la gente y aprender de ellos mientras tomamos café. Y tomar café con Sonia González no ha sido una excepción. Cada conversación que he tenido con Sonia a través de los años ha estado acompañada de un café. Ya sea su invitación o la mía, siempre ha estado acompañada de café. No importa dónde estemos, sea en Bogotá, Miami, Dallas, Tulsa o en México. Ya sea en la mañana antes de un largo vuelo o tarde de noche luego de un congreso, siempre dijimos: «... vamos por un café y platiquemos al respecto».

El libro que usted tiene en sus manos es en parte el resultado de una de esas tazas de café. Recuerdo cuando nos reunimos luego de un congreso y nos sentamos a tomar un café tarde en la noche. Sonia comenzó a compartirme su visión para el libro, y comenzó preguntándome: «¿Por qué algunos pueden lograr que los demás los sigan, logren cosas y sueñen, mientras que a otra persona con los mismos talentos le es difícil que la escuchen? ¿Qué hace que cierta gente se comunique mejor que los demás?».

Le pido que lea este libro de forma que lo ayude a poner en práctica los consejos que le permitirán alcanzar victorias inmediatas en su vida. Ponga especial atención a los capítulos uno, dos y tres. En ellos se encuentran los principios clave del libro. Estos son los capítulos que le ayudarán a mejorar sus habilidades e incrementar sus destrezas de comunicación.

En el capítulo uno observe las claves y plantéese las siguientes preguntas importantes:

1. ¿Soy auténtico?
2. ¿Vivo lo que hablo?

Si su respuesta es no, y es sincero consigo mismo, deje de leer el libro; bájelo y encuentre las áreas de su vida en las que no está siendo auténtico. No le hace bien continuar intentando mejorar si decide seguir pretendiendo ser alguien que no es. Cuando esté listo para decidir ser auténtico, vivir lo que habla, continúe leyendo; y cuando llegue al capítulo tres, haga lo que sigue:

1. Lea el capítulo tres sin detenerse, y no marque nada, solamente lea.
2. Ahora vaya por un bolígrafo y léalo de nuevo.
3. Identifique las áreas que estén inhibiendo su crecimiento, a fin de explotar su potencial.

Estas tres áreas que marcó son únicas en usted. Identificar esas áreas en nuestra vida nos permite enfocarnos y mejorar.

Por lo tanto, mi amigo, a medida que comience a leer este libro, permítame invitarlo a sostener una conversación con Sonia. Y antes de que se siente, antes de que le dé vuelta a la página, «vaya por un café» y permita que Sonia le comparta lo que tiene. Como diría Sonia: «Vamos a tomar un café y platiquemos al respecto».

Larry A. Downs
Vicepresidente Grupo Nelson
HarperCollins

INTRODUCCIÓN

El nivel de comunicación es un factor determinante para medir el potencial de las personas. Tanto en el ámbito profesional como en el personal y en todas las áreas de su vida.

Empoderarse de las competencias comunicacionales conduce a la realización personal. Ello se relaciona de manera directa con la dicha de sentirse asertivo, influyente, convincente, con criterio, capaz, agradable, con dominio y, por supuesto, encantador y amable.

La investigación que he hecho y el entrenamiento que he brindado a miles de líderes en los últimos años me permite asegurarlo sin timideces: el poder de la inteligencia comunicacional lleva a las personas a conseguir la marca mundial de los auténticos ganadores, lo que llamo: ¡Power people!

La gente de potencial —¡Power people!— cuenta con muchos atributos personales pero, sobre todo, se diferencia por esa permanente planta de energía interna que los identifica cuando transmiten una idea, un concepto o simplemente un gesto. Brillan con luz propia.

Por eso se proyectan con una fuerza inusual y son capaces de hacer vibrar y estremecer a la gente que les rodea. Lo que piensan, dicen, sienten y hacen, lo expresan a partir de una virtud definitiva para el éxito: ¡ganas!

Si les preguntamos a un presidente de empresa, coach, chef, productor o a cualquier otro líder, por cuál cualidad escogería para su equipo a una persona entre dos candidatos con las mismas capacidades y preparación, siempre daría una respuesta inmediata: por su forma de comunicarse.

Esa postura chispeante ante la vida, genera el definitivo sello ¡Power people!, gente de potencial. Una marca ganadora que se origina no solo en sus habilidades y destrezas técnicas comunicacionales o en su conocimiento sobre un tema, sino en el ánimo resuelto y la pasión que le imprimen a todo lo que comunican.

Este libro le ayudará a descubrir y potenciar esos factores determinantes para el triunfo de su proyección personal. Tal vez ya se encuentre en un buen nivel de destrezas comunicativas y de liderazgo. Seguro es experto en un tema, especializado y con maestría en su disciplina.

Pero igual siempre necesitará el sello ¡Power people! para trascender a esferas mayores. Crecer día a día en la esencia de la comunicación desde el ser. Más que desde el saber o el hacer. Así alcanzará las dimensiones más altas de impacto e influencia como líder.

Aquí podrá encontrarse con las raíces del poder de la comunicación, con un análisis concienzudo y detallado del proceso que ha vivido la perspectiva del lenguaje, desde los griegos, pasando por la escuela socrática, hasta la ontología del lenguaje del siglo XXI, enfocada en el ser y no en la lingüística estática. Que genera, propone y no solo describe.

Hasta llegar a lo que aquí propongo como ontología de la comunicación: el estudio de la comunicación desde el ser. Desde lo que transmitimos, desde lo que somos en la esencia de cada uno.

Una comunicación que se enfoca en el lenguaje, pero también en la postura de cada persona frente al hecho comunicacional. En la intención, el propósito, en los niveles de asertividad... En fin, en todo aquello que implica ser un comunicador de alto nivel de impacto, más allá de las palabras.

Por la inspiración de estas páginas, usted pasará del básico «saber de...», al poderoso «saber cómo... impactar» con todo lo que dice y hace, a partir de su propia inteligencia comunicacional.

La inteligencia comunicacional es el factor diferencial más importante para un líder que necesita conseguir resultados y competir en un mundo cada vez más avanzado en la comunicación virtual y social. Las investigaciones demuestran que el coeficiente intelectual y el bagaje de conocimientos en cuanto a un tema especializado no son suficientes para convencer.

Este coeficiente de la inteligencia comunicacional (IC) se mide más por las virtudes del ser que por las del saber. Aunque, la verdad, para mí el arte de la comunicación asertiva consiste en saber unir los dos lados de la balanza de manera equilibrada y coherente. Así se logra la plenitud de las capacidades de una persona de potencial.

En este libro recorreremos los caminos de la inteligencia comunicacional, desde la óptica de una persona con la marca gente de potencial... ¡Power people!

Si quiere llegar más allá de lo que ha conseguido hasta ahora, si necesita mejores resultados en su negocio, en sus relaciones personales, en cada uno de los escenarios donde quiere influir, este libro es para usted. Porque fue concebido, pensado y estructurado de manera especial para aquellos que no se conforman con una comunicación rutinaria, plana y desabrida.

Si quiere ser como la sal de la tierra, dar sabor y vida dondequiera que llegue, ser luz y conquistar el mundo, necesita mucho más que conocer el contenido y la filosofía de un texto. Porque para lograr semejante misión de conquistar al mundo, se requiere de mucho más que buenas intenciones y conocimiento del tema.

Es necesario darle a su forma de comunicarse una nueva dimensión, a partir de la inteligencia comunicacional. Solo así llegará a ser una persona con la marca gente de potencial, ¡Power people!

CAPÍTULO 1

La marca ¡Power people!

Auténtica y vivencial

*Tu tiempo es limitado, de modo que no
lo malgastes viviendo la vida de
alguien distinto.*

—STEVE JOBS (1955–2011)[1]

La preparación y la experiencia de un líder no son suficientes para generar impacto y alcanzar los resultados esperados. Tampoco basta su efecto personal por sí solo. El poder de la inteligencia comunicacional se mide en un nivel más alto, por la capacidad de conquistar, enamorar, sensibilizar y concientizar a las personas.

Más allá de la demostración pesada y monótona de conocimientos catedráticos que a veces cansan y no convencen, confunden e impresionan con el peso del saber, pero no conectan ni llegan con la fuerza personal del ser.

El poder de la inteligencia comunicacional se mide entonces por la cohesión de los dos grandes elementos: ser y saber. El efecto y sus resultados. Unidos son un complemento perfecto. Pero, eso sí, con un énfasis suficiente en el primero. Toda la fuerza está en el ser. En la esencia personal. El saber por sí solo es maravilloso, pero no persuade ni conecta a las personas.

Aunque durante siglos, desde los griegos hasta hoy, nos hemos enfocado en el saber como la piedra angular de la construcción del ser humano. A partir del estudio y la aplicación de la inteligencia comunicacional nos concentraremos más en el ser que en el saber. De manera particular en este libro, le daremos toda la fuerza a acertar en ese punto central del tiro al blanco. Hasta que logremos atinarle con toda la fuerza, habilidad y destreza posibles.

La necesidad de contar con identidad propia es inminente, en un tiempo en el que la gente cada vez más busca modelos a imitar, por aquello del «fashion», en el que se convierten en estereotipos del fracaso de otros. Tratar de imitar las figuras de famosos que han tenido vidas muy conocidas pero con pésimos finales, puede ser la catástrofe de la identidad.

La gente de potencial se distingue no solo por el «factor x» de su efecto siempre original y diferente, sino por los resultados poderosos de su impacto. Es ella misma y no le interesa imitar ni plagiar a nadie. Aunque sea una figura mega reconocida y aplaudida.

Justo porque lo que más puede llegar a atraer de usted, es usted mismo. Por eso debe siempre mostrar lo mejor de usted. Y no tratar de ser otra persona.

Para ello es necesaria una gran dosis de autoestima bien cimentada, que le permita amarse a sí mismo, de tal manera que no quiera ser nadie más que usted. Después de alcanzar ese gran primer paso, lo siguiente es comenzar a darle a esa marca todos los matices propios de un ¡Power people! A la gente de potencial se le nota la franca felicidad de ser auténticos, la que transmiten por cada uno de sus poros.

«Solo si me siento valioso por ser como soy, puedo aceptarme, puedo ser auténtico, puedo ser verdadero», dijo Jorge Bucay, el famoso escritor y psicoterapeuta argentino.[2]

Sin duda alguna, vale más ser auténtico que tratar de ser perfecto. La autenticidad implica ser uno mismo, aun con los errores y debilidades propios de una persona original. Es mejor ser natural, con frescura y libertad, que ser una mala copia, rígida y de pésima calidad.

Por eso el educador británico Ken Robinson dijo: «Si no estás dispuesto a equivocarte, nunca llegarás a nada original».[3]

El mimetismo fatal

Uno de los caminos más directos para llegar a la falta de autenticidad es el de tratar de agradar a todas las personas. Porque cuando alguien quiere complacerlos a todos, termina por convertirse en un adefesio con síndrome de camaleón: se vuelve del color de cada persona o cosa a la cual se acerca. Su afán de agradar y su adicción a la aprobación, lo lleva a no contar con una identidad definitiva; por eso, todo lo que comunica cuenta con un fatídico sello de falta de identidad propia.

El tratar de complacer a todos anula la autenticidad, porque cuando uno es uno mismo, lo es por encima de lo que piensen las personas. Lo es, en medio de un sentimiento de entera libertad y desenvolvimiento natural. «No sé cuál es la clave del éxito, pero la clave del fracaso es tratar de complacer a todos», dice Bill Cosby. Lo peor es que la falta de autenticidad lleva a las personas a convertirse en esclavos de esa carencia. Un comunicador sin originalidad nunca transmite nada más que malas copias de lo que los demás dicen.

«Cuando intentamos vivir de una manera poco auténtica, siempre somos nuestra primera víctima ya que, en definitiva, el fraude va dirigido contra nosotros mismos», afirma Nathaniel Branden.[4] Los grandes autores y líderes del mundo concuerdan en que la autenticidad es un factor determinante para alcanzar niveles mayores de influencia. Solo aquellos que son ellos mismos, logran convencer y enamorar a la gente que les rodea.

Claro que la autenticidad requiere un precio muy alto. Un ensayo y error permanente. Una depuración del estilo propio que no es tan fácil de adquirir. Pero, al final, quedará una gran satisfacción por haberse encontrado a sí mismo y poder demostrarles a los demás que el ser uno mismo, es el ser realmente pleno.

Además del precio alto que se paga por la autenticidad, también se asume una fuerte responsabilidad. Es volverse un poco dueño de sí mismo. El artífice de su propia imagen. Sin simulaciones, imitaciones, ni artificios mañosos. «Cualquier forma de no ser autentico, equivale a estar poco dispuesto a aceptar la responsabilidad sobre nuestro propio comportamiento», dijo Jean Paul Sartre.[5]

Pero lo más importante de todo es que, el sello de autenticidad de la gente ¡Power people!, le lleva a la realización personal, al sentido de pertenencia y a la felicidad. Nadie es feliz tratando de imitar a alguien. Aun cuando ese alguien sea su ícono, su ideal de persona, su héroe... «Cada uno de nosotros está en la Tierra para descubrir su propio camino y jamás seremos felices si seguimos el de otro», James Van Praagh.[6]

Aclaro que uno debe contar con referentes altos a los cuales seguir. Líderes que influyen en uno y se convierten en ejemplos importantes. Que le marcan la vida y lo llevan a ser una mejor persona. Pero una cosa es contar con ellos como referentes máximos y otra tratar de ser ellos, hasta convertirse en un imitador cómico que calca su voz, sus frases, su forma de caminar, de sonreír, de vestirse... ¡Todo!

Y lo peor es que nunca le quedará bien, porque cada quien cuenta con su propio efecto, como lo mencioné en mi anterior libro, *El efecto*: cada quien tiene su propia imagen, huella digital, forma de ser, de hablar y de actuar.[7]

Cuando el apóstol Pablo expresa en la Biblia su famosa frase: «Imítenme a mí, como yo imito a Cristo» (1 Corintios 11.1), no se refiere a perder la autenticidad como comunicador. Creo profundamente que uno de los discípulos más auténticos de Jesús fue Pablo. El más directo, contundente, determinado... Por eso estoy segura de que, al referirse a «imitar» no quiso decir que hicieran una mala copia de él... y ¡mucho menos de Cristo!

En este sentido, la palabra «imitar» se refiere a los principios y valores: la obediencia al Padre, la verticalidad en el cumplimiento de la ley, la profundidad en el seguimiento de la gracia, la capacidad de ser seguidores sin timideces ni dobleces. Se refería justamente a ser: a-u-t-é-n-t-i-c-o-s cristianos. Que son fríos o calientes. No tibios.

Me impresiona en las mediciones de la comunicación que realizo en empresas y universidades, ver el impacto que causan los funcionarios de alto nivel cuando se muestran como líderes auténticos, naturales, sin esquemas ni estructuras rígidas. Por lo general, son los que sobresalen, marcan la diferencia y, por supuesto, son ascendidos a niveles mucho más altos.

La autenticidad convence

La autenticidad permite que las personas sean naturales, espontáneas, frescas, brillantes, con una energía y una luz que los deja ver mucho más radiantes y convincentes de la de aquellos que solo intentan imitar de manera ficticia a otros. Los acartonados, que muestran una fachada de personalidad prestada, no llegan más allá de la impresión que pueden causar en el trayecto del ascensor a su escritorio.

Los originales y auténticos generan un discreto encanto que fascina, enamora y convence a quienes le rodean. Pueden ser jóvenes recién egresados o antiguos funcionarios a punto de jubilarse. Hombres o mujeres. Abogados, economistas, líderes de servicio al cliente, mercadeo, administración, finanzas internacionales o de cualquier otra disciplina. Porque la autenticidad no depende de la edad, ni de la carrera, ni del género.

Ser auténtico es una virtud del «ser». Es una parte vital de la comunicación inteligente, mirada desde la óptica ontológica. Les insisto siempre a mis oyentes: solo aquellos que logran ser auténticos, llegarán lejos. No se concentren en el conocimiento, enfóquense en ser ustedes mismos. No olviden jamás su trasfondo cultural y sus raíces familiares. Si se van a otra ciudad o país, por ejemplo, continúen siendo lo que son, en esencia. Eso los hará más atractivos y llamativos ante cualquier grupo social en el que se desenvuelvan, o ante cualquier directivo empresarial que los quiera contratar.

Intentar convertirse en una persona igual a las demás del lugar donde llega, es perder lo mejor de usted mismo. En mi caso, la autenticidad me ha permitido escalar cimas inimaginables. Aun cuando he tenido que trabajar con entidades globales en las que he dirigido áreas de comunicación, al lado de directivos de Estados Unidos, Australia, Europa o de otros países de Latinoamérica, siempre me ha dado muchos puntos ser auténtica y natural.

He mostrado con mucha alegría, entereza y dignidad la bandera de mi noble ancestro colombiano. Con influencia Caribe, por el lado de mi padre, mezclada con el lado andino, de mi madre. ¡Tremenda mezcla! Entre la costa alegre y descomplicada y el interior del país, amable pero introvertido por el frío y el encierro natural de las montañas. Una fusión entre la cumbia y el bambuco. Entre el pescado frito con patacón «pisao» y el típico ajiaco santafereño.

Todo eso que adquirí de los ancestros, sumado al perfil que me da el temperamento sanguíneo, lleno de chispa y vida interior, es lo que soy. Porque Dios quiso. Y si tratara de ser otra cosa, si intentara por algún motivo infortunado ser y hablar como estadounidense, australiana o europea, con la idea equivocada de agradar a las personas que me rodean, entonces perdería lo mejor de mí y lo que me ha abierto más puertas hacia el éxito en la vida: ser yo misma.

Les encanta a los extranjeros con quienes he tenido el placer de trabajar, la forma desparpajada y espontánea como me comunico con ellos. Sin dejar de ser profesional. Pero, por encima de todo, sin dejar de ser yo misma, con esa calidez que me acompaña y esa forma de ser que, sin duda, es la mejor... Simplemente porque es la mía.

La autenticidad es una virtud que va acompañada de la autoestima. Es frecuente ver a las personas que no son ellas mismas tratando de ser algo que no les queda bien, solo porque no les gusta como son y no se aceptan.

Déjeme decirle algo, mi amigo lector, solo cuando logramos amarnos a nosotros mismos, tal cual somos, podremos ser auténticos. Y sin autenticidad, no existe la opción de llevar la marca ganadora de los ¡Power people!... De manera que le sugiero comenzar a aceptar, apreciar, valorar y amar su forma de ser, su identidad, sus valores y todo lo que usted «es». Porque así, y solo así, conseguirá llegar a la dimensión de la comunicación inteligente.

El poder de la comunicación inteligente se sustenta en la autenticidad. De manera que comience por rescatar su identidad. Viva feliz con ella, disfrútela y lleve a otros a disfrutarla. No importa que no sea perfecto. Pero sea usted mismo. Esa será la mejor manera de acercarse a la perfección.

La autenticidad es como la marca que llevan las prendas y objetos finos que, al leerlas, uno puede observar el sello: 100% algodón... o 100% seda... o 100% «Made in ...». Se exhiben cuando las prendas son realmente finas y de calidad. Son auténticas, de esa marca. No copias hechas en serie, con materiales ordinarios que, aunque parezcan iguales al original, no son más que copias de pésima calidad que se dañan a la primera postura.

Trabaje en el empoderamiento de su comunicación inteligente en base a la autenticidad. Todo el mundo se dará cuenta de que lleva el sello fino de la originalidad y sabrán que usted es... 100% usted mismo. O sea... El mejor. Eso es ¡Power people!

Vivencial, experiencial y lúdica

Solo cuando la comunicación es vivencial, experiencial y lúdica logra persuadir a las personas. Cada vez es más claro que los grandes speakers [conferencistas] son aquellos que llevan al auditorio a vivir una historia como si pudieran ver la película o, más allá, como si ellos mismos fueran protagonistas, en vivo y en directo, de la historia.

La gente de potencial transmite experiencias, no solo información. Y lleva a los demás a vivir esa forma experiencial de transmitir los mensajes, de una manera tan real, que pueden tocar no solo su intelecto sino también sus emociones. Los llevan a vibrar, reír, llorar...

Cuando uno mira el auditorio de un comunicador ¡Power people!, vivencial y experiencial, puede notar en los rostros de quienes lo escuchan con suprema atención, los gestos de asombro, emoción, dicha o dolor... Porque ellos saben bien cómo contar cada historia.

Puede tratarse de una presentación empresarial o académica, muy técnica y especializada, pero ellos siempre se las arreglan para conducir al público a niveles de sensibilidad impresionantes, que los levantan de la silla y los llevan a accionar. Son conductores de vidas.

«Cada día es una vida en miniatura», dijo Schopenhauer.[8] Y al parecer ese es el lema favorito de los comunicadores vivenciales. Pero si lo parafraseamos en cuanto al tema de la comunicación podríamos decir: «cada mensaje es una vivencia en miniatura». Y así debe ser. Por eso logran esos niveles de impacto tan altos. Porque no rellenan de información técnica que cansa, aburre y hace perder al auditorio, sino que presentan cada aspecto del conocimiento o del tema como toda una vivencia, fácil de digerir y además divertida, interesante, amena y poco común.

La comunicación de la gente de potencial es una experiencia única e irrepetible para los que cuentan con la dicha de ser su público o sus amigos cercanos.

El éxito de los «storytelling» o cuentacuentos

Para que un mensaje sea realmente vivencial debe contar con elementos de gracia. Por ejemplo, no caben las introducciones largas con palabras pesadas y técnicas que nadie entiende. Los que saben de oratoria, prefieren utilizar *storytelling* [cuentos, historias e ilustraciones].

El *storytelling* es una forma de comunicarse muy atractiva y divertida, que convierte los eventos en cuentos e historias, acompañadas de sonido e ilustraciones. Siempre con el componente de genialidad de quien la utiliza, con facilidad inusual para improvisar.

Existen entre los oradores algunos que son genios para utilizar el *storytelling*. Ellos impactan porque saben asociar a su mensaje historias fantásticas y fábulas acerca de animales, de recuerdos familiares, de personajes de la historia, de una situación simpática —o difícil— vivida en el día... de cualquier narración interesante que ejemplifique su tema de manera acertada.

A través de la historia de la humanidad, las historias y las narraciones han acompañado a todas las culturas y civilizaciones. Se han concebido como una forma fantástica de entretenimiento. Pero también como metodología para educar y preservar las tradiciones. Sobre todo, se trata de una forma ideal para transmitir principios y valores que generen transformación y cambio.

Pueden incluir elementos concluyentes de algún cuento famoso, en los que insertan tramas con personajes interesantes. Siempre acompañado de una capacidad narrativa y descriptiva, a través de la cual el oyente puede sentir y casi que vivir la historia, porque está contada de manera tal que lo conduce a sentirse sumergido en el cuento. Como si fuera su propio cuento.

Para ser un cuentacuentos [storytelling] se requiere de un don especial, de una gracia particular para llegarle a la gente. Esta capacidad de contar historias nace con algunas personas de manera natural. Pero también se puede educar y desarrollar, a través de capacitación y entrenamiento en comunicación. Incluso puede suceder, como me ha pasado en algunos de mis procesos de desarrollo empresarial, que algunas personas descubran su talento como contadores de *storytelling* y no sabían que contaban con él. Se les convierte en una herramienta de éxito para la vida.

Porque el *storytelling* no solo sirve para emplearlo ante grandes auditorios y escenarios. O para las aulas y salas de juntas directivas. Puede ser una habilidad propia de un papá que sabe enseñar a sus hijos de una manera divertida y feliz. O de una mamá que prefiere verse amena, alegre e interesante, que pegada a los regaños y las cantaletas que la desgastan y no le producen resultados.

Los contadores de *storytelling* rompen los paradigmas de la comunicación rígida y convencional. Impactan a su público con elementos innovadores y los llevan a niveles de interés impresionantes. Casos exitosos de este género que muestra al máximo lo que puede lograr un comunicador inteligente son Steve Jobs, con el discurso en la Universidad de Standford.[9]

También es un exponente de este género el predicador Joel Osteen. Lo escuché personalmente en Houston, Texas, en el 2012. Y me pareció extraordinaria la manera como logró conducir a su auditorio con el mensaje del amor y la fe en Jesucristo, por medio de historias interesantes y sencillas que convencen y dejan huella en sus seguidores.

Osteen inicia su mensaje con un *storytelling* acerca de una pareja de esposos que van con un caballo... Y la primera vez que el caballo se quedó quieto y terco, ella le dijo: «Va 1...». A la segunda vez que lo hizo, ella le dijo: «Van 2...». Y a la tercera, le pegó un tiro con su pistola. Al momento el esposo le gritó y la regañó diciéndole: «¿Qué hiciste? ¿Por qué lo mataste?». Y la esposa le contestó: «Va 1...».[10]

De inmediato el auditorio suelta una carcajada franca y feliz, que le da paso a un mensaje bien interesante acerca de cómo puedes «programar la mente para la victoria», de acuerdo a lo que dice la Palabra de Dios acerca de las promesas y bendiciones que ya están dadas para la victoria. No solo utiliza la historia, sino que luego también acude a las cifras y estadísticas, que también son un excelente recurso para confirmar y respaldar el mensaje.

Otro de los *speakers* que me han impresionado por sus *storytelling* bien utilizados es el motivador Pedro Medina. Uno de los más reconocidos en Colombia y Latinoamérica. Fue presidente de McDonald's cuando llegó al país. Hoy en día preside su propia organización «Yo creo en Colombia»,[11] desde la cual viaja por el mundo enseñando a las personas a hablar bien de su país y a encontrar motivos suficientes para amar a su nación y hablar bien de ella.

La vez que lo escuché hablaba acerca de un tema interesante: «Manejo efectivo del tiempo». Para iniciar su conferencia, no habló acerca de claves y consejos para manejar la agenda. No. Lo que hizo fue sacar de su cartera un billete de 50.000 pesos colombianos (US$25.00) y con un encendedor le prendió fuego y lo quemó.

Por supuesto, la respuesta automática del auditorio fue brincar de la silla y pegar un grito al unísono: «¡Ay...no!». Estaban aterrados. Es increíble como Medina logró impactarlos para llevarlos a la concientización de un tema.

Para hablar de «cómo embarrarla y ser feliz» ante un auditorio de jóvenes en un campamento, utiliza los ejemplos, símiles y figuras más naturales —y a la vez inverosímiles— para contar acerca de cómo uno puede ser feliz, aunque cometa errores y no sea perfecto. Pedro enseña de manera súperdivertida, única y original, cómo construir relaciones a las cuales les quiero invertir energía, amor e inteligencia.[12]

Historias contadas, anteriores a la escritura

El *storytelling* no nació en el siglo XX con el auge de los grandes conferencistas internacionales cuyos conocimientos y temas se propagan ahora por medio de la Internet en las redes sociales, los webinars o las aulas virtuales que permiten el e-learning.

¿Qué es el *storytelling*? El comunicador colombiano Henry Ernesto Pérez Ballén lo define así en uno de sus artículos: «En su traducción literal es contar historias; pero es una técnica aparecida en Estados Unidos a mediados de los años noventa y acuñada en el mundo empresarial para la comunicación organizacional, marketing y management».[13]

Támbien, el *storytelling* «Moviliza usos de relatos diferentes, desde el oral hasta el digital storytelling, que practica la inmersión virtual en universos multisensoriales y con una puesta en escena muy elaborada».[14]

Hoy nos encontramos ante un fenómeno cada vez mayor de contadores de historias y posturas frente a la vida por medio de los conocidos grafitis que invaden las paredes de las grandes ciudades. Es una forma de expresión válida, a través de la cual los jóvenes plantean su forma de pensar acerca de lo que sucede en el mundo.

Los tatuajes en la piel, que aparecen ahora con diseños a veces grotescos y difíciles de descifrar, cuentan también historias que informan acerca de la relación de pareja, del grupo al cual pertenece el tatuado o de su idiosincrasia.

Ni qué decir de la forma virtual de los contadores de historias en las redes sociales de Twitter, Facebook y todas las demás, que de manera en línea cuentan historias de día y de noche, con pasión y entrega total al oficio. También en el cine, la televisión, el teatro, la publicidad, los comerciales... en fin, el ser humano es, en esencia, un contador de historias por naturaleza.

Por eso las personas que quieren apostarle a la marca de los ¡Power people!, con una comunicación inteligente, deben potenciar en sus presentaciones el recurso del *storytelling* y llenar de gracia sus charlas, presentaciones y discursos.

A los públicos les encantan las historias. Tanto contadas como escritas. Sobre todo cuando son historias vivenciales y de experiencias reales, que se aplican a la vida y al día a día. Las historias trascienden, se quedan en la memoria y pasan por generaciones.

Una metodología andragógica y exitosa

El sistema de comunicación experiencial, vivencial y lúdico se convirtió a través de los años en una exitosa metodología que aplico a todos mis procesos de capacitación y mentoring empresarial y académico. Más que una metodología, hoy esta trilogía es un estilo de comunicación que imparto en todos los procesos de aprendizaje y en conferencias alrededor del mundo.

Cuando un consultor de alto nivel logra salir del aburrido esquema del lenguaje acartonado, catedrático y entrar en el mundo en tercera dimensión de lo experiencial, vivencial y lúdico, consigue resultados de aprendizaje en la organización o en cualquier auditorio, mucho más efectivos y contundentes.

La andragogía nos lleva a una forma de comunicación mucho más amena y llena de experiencias dinámicas. Nos saca del esquema usual y tradicional del tablero y la tiza, que ya no quieren las personas adultas, cansadas de recibir clases e instrucciones. Ellos lo único que esperan es crecimiento e innovación. Profundización, en lo que ya saben, para una mayor especialización de sus habilidades.

La andragogía está fundamentada en tres principios básicos: participación, horizontalidad y flexibilidad.[15]

Participación

La comunicación andragógica es menos rígida que la convencional magistral. Permite a los participantes interactuar con los compañeros y compartir sus ideas, sentimientos y experiencias. Las personas en el auditorio o el aula se sienten tomadas en cuenta y valoradas como parte fundamental del proceso de aprendizaje.

Todo el esquema varía a lo conocido durante siglos como «auditorio». En esta forma de comunicación basada en la andragogía, las personas se sienten mucho más a gusto porque son parte del proceso de aprendizaje y no tan solo simples espectadores que reciben pero no dan nada. Son activos, no pasivos. Son generadores, no solo recipientes de información fría y poco efectiva.

Una de las claves del éxito de mis programas de entrenamiento empresarial es justamente esa: permitir a los ejecutivos y empresarios asistentes la participación activa. Ellos son felices con la interacción. Los hace sentir mucho más vivos y dinámicos en el proceso. Además, al compartir sus experiencias, permiten a los demás aprender mucho más y sentirse a gusto, en medio de un ambiente de inclusión flexible y agradable. No de exclusión rígida y aburrida.

Horizontalidad

La comunicación efectiva y andragógica se direcciona de manera horizontal, no vertical. Es decir, cada uno de los participantes se siente parte de la dinámica y del programa. No como en el viejo esquema de aprendizaje, en el que todo era vertical. De arriba hacia abajo. Es decir, de la posición autoritaria del maestro hacia el público, pero sin ninguna retroalimentación por parte de los aprendices porque, inclusive, podría considerarse como una falta de respeto.

Se puede hablar de horizontalidad de la comunicación cuando el expositor y el asistente se encuentran en el mismo nivel de oportunidades y valoración. Como pares. En este sistema, el orador debe bajarse del pedestal en el que se suben algunos consultores y maestros, que perciben a los estudiantes como personas de un nivel más bajo al suyo, a las cuales miran desde arriba con la superioridad que da su posición de altura. En la comunicación horizontal las personas exponen sus ideas y son tenidas en cuenta como necesarias para el proceso, el diagnóstico final y las conclusiones.

Cuando inicio un proceso de capacitación empresarial, siempre escucho primero a todos los participantes, uno por uno. Ellos se presentan, cuentan sus expectativas, desde las debilidades y amenazas que sufren en el día a día de su comunicación. De esa manera, al final de la jornada obtenemos un diagnóstico claro de necesidades que no surge de mí, sino de ellos mismos.

Es un ejercicio fantástico, que además derrite el hielo del comienzo, logra niveles de escucha empática altísimos y permite que ellos, además de participar, comiencen a conocerse entre sí. En muchas ocasiones me he encontrado con que personas que aunque llevan años en una entidad, ni siquiera se conocen. Pocas veces comparten. Por eso este espacio se les convierte en una oportunidad inteligente que les brinda la empresa para compartir experiencias.

De esta manera, el resultado se comienza a notar no solo en las habilidades comunicacionales, sino también en la cultura comunicacional interpersonal con calidez, trabajo en equipo y unidad entre áreas. Genial.

Flexibilidad

Cada vez es más obvio que los adultos requieren de una forma diferente de aprendizaje. Ellos ya han vivido procesos de estudio muy exhaustivos y, además, su momento de vida conlleva a presiones diferentes, en lo económico, en el tiempo con que cuentan por sus múltiples ocupaciones... en fin, por todas las circunstancias que los rodean en la edad mayor, ellos requieren de una forma de capacitación diferente.

Quien practica una comunicación andragógica es un educador que convierte los espacios de aprendizaje en una experiencia diferente, original y divertida. Todo su interés está en facilitarle al participante adulto una forma de entender las cosas mucho más sencilla, práctica y de inmediata aplicación en su cotidianidad.

Ya no es solo un profesor catedrático, sino que se convierte en un amable facilitador direccionado a construir procesos de aprendizaje interesantes y significativos. Por eso el elemento flexibilidad es determinante como componente primario de sus enseñanzas y conferencias como *speaker* de alto impacto. Solo así le comprarán las ideas.

Resultados

A través de la comunicación andragógica, el conferencista adquiere resultados que le propician satisfacciones personales interesantes. Se le convierten en parte de su realización como comunicador y líder de personas que le apuestan al cambio.

Además, no existe la opción de entrar en una rutina, aunque tenga que decir el mismo taller o la misma capacitación todos los días a diferentes públicos, siempre contará con nuevos desafíos y retos. Vivirá su labor de comunicador desde una permanente sinergia con cada uno de los grupos de personas a los que se enfrenta. De tal manera que, aun para él mismo, cada proceso será un espacio divertido y no una retahíla de repeticiones.

En mi caso, puedo decir que eso se cumple. He llegado a unos niveles de andragogía en la comunicación, que no tengo nunca un taller, conferencia o proceso de coaching igual al otro.

Aunque el tema sea el mismo. Aun en la misma empresa. Siempre es diferente lo que digo, me reinvento mes a mes, día a día, a un nivel de fluidez que yo misma me gozo a plenitud. Cada espacio de comunicación es una aventura formidable que disfruto sin límites. Me realiza.

Eso se da porque debo pensar en enseñar a adultos con altos cargos en las empresas, los cuales son exigentes y siempre esperan más de mí como consultora y facilitadora. De esta manera he podido desarrollar este «músculo» de la andragogía que enriquece todas las experiencias del aprendizaje en comunicación y liderazgo organizacional y sobrepasa las expectativas. Gracias a Dios.

Mejoramiento continuo

Otro de los beneficios de aplicar la andragogía a los procesos de aprendizaje y comunicación es la aplicación de una innovación permanente que exige el enseñarles a adultos con altos niveles de profesionalismo.

El desarrollo de competencias para los adultos implica pensar en el mejoramiento continuo como única forma de alcanzar el éxito de los procesos de enseñanza.

En este estilo de comunicación con horizontalidad, el facilitador y el público cuentan con las mismas condiciones para observar y ser examinadores de los contenidos del programa. No existen los conflictos, sino las responsabilidades compartidas. Incluso cuentan con la opción de entrar en sanos debates con criterios propios, a partir de valores fundamentales como el respeto, la transparencia, la amabilidad y la calidez.

Entre andragogía y pedagogía

La andragogía aplicada a los procesos de comunicación tiene que ver entonces con la forma como aprenden los adultos. Es distinta a la pedagogía, porque esta se dirige a la educación de los niños y niñas.

Un comunicador andragogo debe ser en esencia un facilitador, más que un maestro. Para ello necesita habilidades para planear, organizar y dirigir. Porque permitir que las personas compartan sus experiencias en medio de su presentación, requiere de una capacidad mayor para conducir el proceso, con suficiente autoridad y a la vez amabilidad para llevarlos hacia el mensaje que él quiere transmitir.

Sin duda, no es lo mismo comunicarse con adultos que con niños o menores. Porque los mayores lo que buscan, más que el aprendizaje de nuevos conocimientos, es la aplicación inmediata y práctica en el puesto de trabajo y también en su vida personal, con su familia y círculos de amigos. Una comunicación que los lleve al crecimiento personal, a la innovación y al cambio. Al empoderamiento de sus fortalezas y el tratamiento de sus debilidades. Saben que, de esa manera, aprovecharán sus oportunidades y enfrentarán con herramientas las amenazas de su productividad.

La necesidad de una comunicación asertiva que le aporte a la educación continuada en las empresas y universidades es cada vez más urgente para el desarrollo de una cultura de cambio y transformación.

En lo particular, como comunicadora empresarial y conferencista de escenarios en diferentes países, sé que mi propósito de vida no es solo enseñar «tips» y claves para que las personas hablen o escriban mejor. Es mucho más que eso.

Mi visión es: «Construir una cultura de comunicación inteligente en Iberoamérica y el mundo de habla hispana en Estados Unidos de América». Por ese objetivo claro puedo desarrollar programas de largo alcance y pasar muchas horas frente a miles de líderes, mientras les enseño acerca de comunicación asertiva, escucha empática, documentos de alto impacto... o cualquier otro de los temas para el desarrollo de sus competencias comunicacionales.

Ellos no soportan ni toleran más cátedra. Lo que necesitan es desarrollar la comunicación para aplicar día a día todos sus conocimientos. Transmitir de una forma más precisa y persuasiva todo lo que saben y todo lo que son en esencia, con su efecto personal y todo su poder como gente de potencial... ¡Power people!

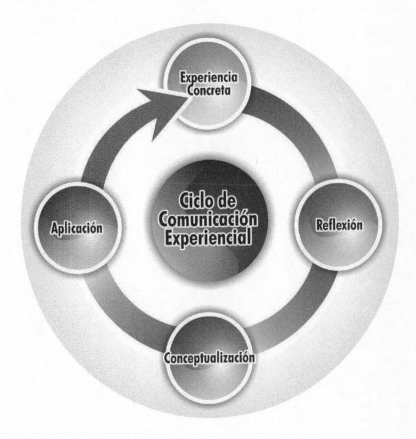

Ciclo de comunicación experiencial[16]

CAPÍTULO 2

Factores de éxito de la gente de potencial

Decir, hacer y... ser

Pienso que la comunicación es mucho más que información fría y descriptiva. Es vivencia, experiencia, proyección del ser. Como lo digo en mi libro *El efecto*, las personas deben conocer y descubrir ese «algo» que transmiten a través de su esencia.[1] La comunicación inteligente no se queda en lo descriptivo del lenguaje.

Gracias a los avances de los estudiosos de la lingüística, hoy sabemos que el lenguaje no es solo un ente pasivo para describir y transmitir lo que observamos, como se creyó por siglos, sino que es generativo y activo. A través de él podemos actuar y, lo más importante, construir futuro.

La gente de potencial ¡Power people! se comunica y actúa bajo esta premisa del lenguaje generativo. Por eso es capaz de transformar su identidad y su entorno con todo lo que dice, como parte de su comunicación inteligente.

Es apasionante esta concepción ontológica del lenguaje. Desde la perspectiva del «ser» y no del «saber», la comunicación es mucho más que escuetas presentaciones de informes o de resultados financieros. Por eso los mejores comunicadores empresariales o universitarios, los más destacados *speakers* —conferencistas y oradores— son aquellos que proponen siempre nuevos conceptos a partir de sus presentaciones gerenciales.

Más que efectivos auditores que verifican cuando algo está mal o bien y lo apuntan en un informe, deben ser ejecutivos que sugieran y se conviertan en asesores que den valor agregado a la entidad con todo lo que digan y hagan. Con todo lo que son, en la esencia del ser.

El principio de decir para crear y transformar

Para alcanzar una comunicación inteligente es necesario conocer bien el principio del poder de las palabras para generar vida. La Biblia lo relata con máximas como: «En la lengua hay poder de vida y muerte; quienes la aman comerán de su fruto» (Proverbios 18.21).

Desde el comienzo hasta el fin, el texto bíblico muestra cómo, con el poder de la palabra, Dios creó, en el principio, los cielos y la tierra. Tal como lo relata el capítulo 1 del libro de Génesis. Dios dijo y las cosas fueron hechas: el cielo, el mar, las estrellas, la luna, los animales y todos los seres vivientes. Primero habló y luego... ¡vio que era bueno!

El modelo providencial de lo que significa el poder de la palabra y la potencia de la comunicación generativa, que no solo describe o informa, sino que produce un efecto poderoso de creatividad, se encuentra en ese primer relato de la creación.

No se trata solo de una predicación religiosa. Estamos hablando aquí de la comunicación inteligente en un texto magistral. Recuerdo que mi papá, Gonzalo González, siempre utilizó el comienzo del Génesis en la Biblia como principal modelo magistral de un párrafo de entrada literario.

Él fue un reconocido y amado periodista, un intelectual puro y un puro intelectual que dirigió el suplemento literario del diario *El Espectador* en Colombia. Maestro de maestros en el periodismo y la redacción en las universidades más prestigiosas del país. De quien su primo, el Premio Nobel de Literatura, Gabriel García Márquez, dijo en sus memorias:

> En un orden establecido por la dirección, iba después la nota con tema libre de Gonzalo González, que además llevaba la sección más inteligente y popular del periódico —«Preguntas y respuestas»—, donde absolvía cualquier duda de los lectores...[2]

En otra página de sus memorias el magistral «Gabo» dice de mi padre:

> Mi primo Gonzalo González, con una pierna enyesada por un mal partido de fútbol, tenía que estudiar para contestar preguntas sobre todo, y terminó por volverse especialista en todo. A pesar de haber sido en la universidad un futbolista de primera fila, tenía una fe interminable en el estudio teórico de cualquier cosa por encima de la experiencia. La demostración estelar nos la dio en el campeonato

de bolos de los periodistas, cuando se dedicó a estudiar en un manual las leyes físicas del juego en vez de practicar como nosotros en la canchas hasta el amanecer, y fue el campeón del año.[3]

No era creyente. Todo lo analizaba desde su perspectiva intelectual. Luchó con sus dudas y conflictos sobre la existencia de Dios. Pero nada le atraía más en sus magistrales e inolvidables clases de redacción que hablar de este párrafo de entrada: «En el principio creó Dios los cielos y la tierra. Y la tierra estaba desordenada y vacía, y las tinieblas estaban sobre la faz del abismo, y el Espíritu de Dios se movía sobre la faz de las aguas. Y dijo Dios: Sea la luz; y fue la luz. Y vio Dios que la luz era buena» (Génesis 1.1–4, RVR60).

La narración del Génesis muestra cómo habló Dios, pero no se quedó en la simple descripción, sino que decretó. Dijo: «se...». Y fue hecho. Es una obra literaria maestra, una pieza de comunicación efectiva e inteligente magnífica. En este extracto del capítulo 1 de Génesis podemos ver las veces que Dios «dijo» y fueron creadas las existencias más bellas de la naturaleza y el Universo, por el poder de su palabra.

El texto dice así:

Dios, en el principio, creó los cielos y la tierra. La tierra era un caos total, las tinieblas cubrían el abismo, y el Espíritu de Dios iba y venía sobre la superficie de las aguas. **Y dijo Dios: «¡Que exista la luz!»** Y la luz llegó a existir.

Dios consideró que la luz era buena y la separó de las tinieblas. A la luz la llamó «día», y a las tinieblas, «noche». Y vino la noche, y llegó la mañana: ése fue el primer día.

Y dijo Dios: «¡Que exista el firmamento en medio de las aguas, y que las separe!» Y así sucedió: Dios hizo el firmamento y separó las aguas que están abajo, de las aguas que están arriba. Al firmamento Dios lo llamó «cielo». Y vino la noche, y llegó la mañana: ése fue el segundo día. [...]

Y dijo Dios: «¡Que haya vegetación sobre la tierra; que ésta produzca hierbas que den semilla, y árboles que den su fruto con semilla, todos según su especie!» Y así sucedió. Comenzó a brotar la vegetación: hierbas que dan semilla, y árboles que dan su fruto con semilla, todos según su especie. Y Dios consideró que esto era bueno. Y vino la noche, y llegó la mañana: ése fue el tercer día.

Y dijo Dios: «¡Que haya luces en el firmamento que separen el día de la noche; que sirvan como señales de las estaciones, de los días y de los años, y que brillen en el firmamento para iluminar la tierra!» Y sucedió así. Dios hizo los dos grandes astros: el astro mayor para gobernar el día, y el menor para gobernar la noche. También hizo las estrellas.

Dios colocó en el firmamento los astros para alumbrar la tierra. Los hizo para gobernar el día y la noche, y para separar la luz de las tinieblas. Y Dios consideró que esto era bueno. Y vino la noche, y llegó la mañana: ése fue el cuarto día. [...]

Y dijo: «Hagamos al ser humano a nuestra imagen y semejanza. Que tenga dominio sobre los peces del mar, y sobre las aves del cielo; sobre los animales domésticos, sobre los animales salvajes, y sobre todos los reptiles que se arrastran por el suelo.» [...]

Y así sucedió. (Génesis 1.1–8, 11–19, 26, 31, énfasis agregado)

Por la palabra, todas las cosas fueron hechas. Por eso para ser parte de la gente de potencial es necesario conocer el poder de las palabras y saber que, además de informar y describir, construyen, edifican, transforman, generan y son un ente creativo que puede cambiar su universo personal y su entorno.

Para ello, es necesario primero alcanzar el nivel más alto de la pirámide del aprendizaje: el desaprendizaje. No podemos entrar en la dimensión de la comunicación inteligente que declara y decreta, si antes no salimos del formato aprendido desde niños, luego en el colegio, la universidad y las empresas donde hemos laborado. Siempre «pasamos el informe», pero no construimos ni generamos. Los que lo logran, son los que ascienden más rápido y se encuentran ubicados en los más altos cargos.

El paradigma erróneo, sobretodo en la cultura de habla hispana, radica en pensar que si somos generativos en nuestra comunicación, podemos pecar de ser pretensiosos y vernos como muy arrogantes. Confundimos la contundencia y la asertividad con la altanería y el orgullo desmedido.

Esa es la gran mentira. El síndrome de la falsa humildad aplicado a la comunicación. Aun en los espacios espirituales, las personas creen que hablar con fe y decirles a las cosas que no son, como si fueran, es una aparente vanidad y un sobrepasarse de iluso.

Creo que se puede ser sencillo y contundente. Sencillo y generativo. Se les puede llamar a las cosas por su nombre y ser una persona con una actitud mansa. Mientras que, por el contrario, se puede ser un pusilánime de la comunicación, que no declara ni decreta, que más bien utiliza un lenguaje descriptivo y de informes rutinarios, sin generar nada, sin ningún valor agregado, y estar amarrado a una coraza de orgullo, resistencia, rebeldía y soberbia.

Dios mismo le dijo a Abraham: «Te he confirmado como padre de muchas naciones. Así que Abraham creyó en el Dios que da vida a los muertos y que llama las cosas que no son como si ya existieran» (Romanos 4.17).

Por eso su mismo Hijo Jesucristo siempre habló de una manera directa, contundente y con el poder para decretar, declarar y dar vida con cada una de sus palabras. Al decir: «Sé sano» o «levántate y anda», no solo creaba sino que también sanaba y ¡resucitaba! (Juan 11.43).

Cuando iba caminando entre la multitud, él pronunciaba la palabra y la gente se sanaba. Por el poder de su comunicación las personas recibían sanidad. Un hombre que tenía lepra se le acercó y se arrodilló delante de él.

—Señor, si quieres, puedes limpiarme —le dijo.

Jesús extendió la mano y tocó al hombre.

—Sí quiero —le dijo—. ¡Queda limpio!

Y al instante quedó sano de la lepra. (Mateo 8.2–3)

Fondo y forma

La gente de potencial, con la marca ¡Power people! no solo «dice» cosas por decirlas. Sino que es capaz de pesar los quilates de cada una de sus frases para entrar en una nueva dimensión de la comunicación inteligente que llama a las cosas que no son como si fueran y de esa manera transforma su entorno. Y no solo lo dice, sino que lo expresa con sus actitudes y su lenguaje corporal.

En ese sentido, la comunicación ontológica es, más allá del lenguaje generativo, el resultado de las acciones, conductas, expresiones...

Es todo lo que proyecta el ser humano, tanto en el fondo como en la forma. Toda la comunicación no verbal (CNV) y el lenguaje del cuerpo también deben ser generativos. Más allá del lenguaje de las palabras, con el lenguaje de la expresión y los gestos.

Marca la diferencia

La comunicación de la gente con la marca ¡Power people! cuenta con un proceso generativo distinto, que apunta al cambio y a los logros concretos. No habla por hablar. Todo su discurso y cada una de sus aseveraciones provienen de una intencionalidad clara: construir y edificar, sobre la arquitectura de sus propias ideas, no las de otro.

Diciendo:

La marca ¡Power people! —Gente de potencial— se identifica por siete indicadores determinantes. Tanto en el «hacer» como en el «decir» y en el «ser».

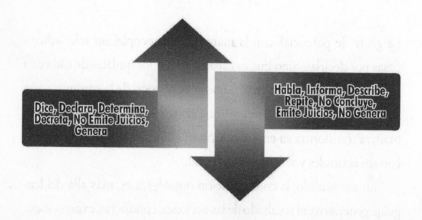

Dice, Declara, Determina, Decreta, No Emite Juicios, Genera

Habla, Informa, Describe, Repite, No Concluye, Emite Juicios, No Genera

En el «hacer»

1. **Ánimo**: que le imprime a todo lo que dice.
2. **Ganas**: de «comerse» al mundo, a través de su expresión.
3. **Seguridad**: que transmite con su comunicación verbal y no verbal.
4. **Energía**: que infunde y contagia con sus palabras y sus mensajes.
5. **Fuerza interior**: que refleja y logra conexión inmediata con las personas.
6. **Inteligencia emocional**: para saber dónde está parado y de qué está hecho.
7. **Asertividad**: Para saber decir SÍ y NO. Colocar límites y lograr el equilibrio.

Revisaremos aquí uno por uno, para que usted pueda realizar su autoevaluación y construir su propia medición con los indicadores de su inteligencia comunicacional. Sabrá así hasta qué punto es usted un verdadero ¡Power people!

Primer indicador ¡Power people!

Ánimo: que le imprime a todo lo que dice

Si no está dispuesto a imprimirle una buena dosis de ánimo a lo que dice, es mejor que no lo diga. El ánimo es la vida de la comunicación. El alma de su mensaje.

La palabra *ánimo* —según el *Diccionario de la Real Academia Española*, DRAE—, viene de la raíz etimológica del latín *anĭmus*, y este del griego ἄνεμος, soplo.[4]

Ánimo: 1. Alma o espíritu, en cuanto es principio de la actividad humana: *su estado de ánimo es excelente*. 2. Valor, esfuerzo, energía: *no pierdas el ánimo*. 3. Intención, voluntad: *lo hizo con ánimo de ayudarte*. 4. Se usa para alentar o esforzar a una persona: *¡ánimo, campeón!* 5. dar ánimos, loc. animar. 6. Cobrar o levantar el ánimo, loc. animarse. 7. Tener ánimos. loc. Tener ganas de hacer una cosa: *no tengo ánimos para ir a la fiesta.*[5]

En el libro *El líder resonante crea más*, el famoso psicólogo y periodista del *New York Times*, Daniel Goleman, afirma que el optimismo y el entusiasmo de sus subalternos evidencian el nivel de resonancia de un líder. Su impacto emocional es capaz de movilizarlos hacia estados de ánimo que se adaptan a cualquier situación. La empatía lo lleva a conectarse con el estado emocional de su equipo.[6]

El líder que muestra ánimo, ya cuenta con un gran porcentaje de su éxito ganado. Porque la demostración de ánimo resuelto y dispuesto es, en gran parte, una declaración de valoración a su equipo. Las actitudes de ánimo le permiten a la gente sentirse importantes para el líder.

El ánimo es uno de los indicadores más contagiosos que pueden llevar a un equipo a convertirse en ganador. Por eso los grandes coaches de los equipos deportivos, más que técnica, lo que saben imprimir a su gente es el ánimo suficiente para entrar a la cancha a ganar el partido.

En medio de una presentación gerencial, por técnico que sea el tema, el indicador de que los contenidos son interesantes, importantes, determinantes para los resultados, es el ánimo que le imprima el expositor. Lo mismo sucede en los medios de comunicación con los presentadores o en los espacios comerciales.

Los mejores vendedores, los que más cumplen las metas del mes, son aquellos que le imprimen una gran dosis de ánimo a todo lo que dicen. La gente les compra lo que sea, solo por el ánimo que le imprimieron a la venta. Porque el ánimo en la comunicación es uno de los principales motivadores. Genera un efecto impresionante que puede llegar a persuadir.

En cambio, una persona con desánimo no convence ni persuade, no vende nada. Sus palabras, por buenas que sean, caen en el hondo abismo del aburrimiento. Porque sin ánimo no hay vida. Y sin vida no hay nada. La comunicación inteligente es por lo tanto, como dicen mis queridos amigos de Costa Rica... ¡Pura vida!

Segundo indicador ¡Power people!

Ganas: de «comerse» al mundo con lo que comunica

Este indicador es determinante. Para saber si una persona es la adecuada para la tarea que se requiere, el termómetro infalible es el de la alta temperatura personal que producen las ganas de llegar a la meta trazada. Se le notarán en la expresión de su rostro, la mirada, las actitudes, las frases que diga y todo el halo de energía que irradiará.

El desgano puede arruinar el potencial y anular el conocimiento de cualquier persona, por más inteligente y capaz que sea. Algo sucede en mí cuando una persona, en especial la gente joven, me demuestra que tiene ganas de conquistar y emprender. No sé a usted como gerente o líder, pero a mí la gente con ganas de surgir me despierta de inmediato un impulso para ayudarlos, llevarlos a otro nivel, darles todo lo mejor de mí para que crezcan y sean cada vez mejores personas.

Gracias a Dios he contado con excelentes asistentes en mi oficio de directora de comunicaciones en otras entidades y desde mi propia empresa. No podría trabajar de otra manera, sino con personas que me muestran las ganas de hacer las cosas bien, de servir sin condiciones y dar lo mejor de sí mismas para alcanzar los resultados propuestos. Y es a esas personas a las que quiero darles lo mejor de mí. Empoderarlas y aportarles toda mi experiencia, porque sus ganas de surgir, destacarse y cumplir sus sueños, se convierten en un detonante de mi espíritu empoderador.

Es inevitable. Se convierten en pupilas preferidas. Y los resultados son contundentes. No solo reciben de mí lo mejor, sino que se les notan los resultados de transformación, tanto en el ser como el hacer. Impresionante. Las veo dimensionarse de tal manera, que yo misma me sorprendo de los niveles a los cuales pueden llegar. No por mi aporte, sino por sus maravillosas ganas de ser mucho mejores. Es maravilloso.

Me imagino, amigo lector, que sabe bien a qué tipo de personas me refiero. Seguro que también ha tenido que liderar a jóvenes con ese tipo de perfil. Póngase la mano en el corazón y dígame si no le produce de verdad un profundo deseo de ayudar a esa gente que muestra tantas ganas de salir adelante, con pocos años y conocimientos, a veces con escasos recursos, pero con un potencial enorme y unas ganas de comerse al mundo impresionantes.

Todo les queda pequeño. Todo les parece posible. Y sus ganas de subir de nivel, se le convierten a usted en un motivador definitivo, no solo para apoyarlos e impulsarlos a ellos, sino para seguir adelante con sus propias metas.

Porque la gente con ganas, tiene tanta energía y fuerza, que le alcanza para impulsarse a ellos mismos y para inspirar a todos los que cuentan con la dicha de estar a su alrededor.

Por eso cuando vea a sus hijos sin ganas de conquistar, o a las personas de su equipo de trabajo, por favor detenga todas sus tareas y enfóquese única y exclusivamente en retomar la motivación para impulsar de nuevo ese espíritu contagioso y maravilloso de la gente ¡Power people! De lo contrario, todo lo que realicen se les convertirá en una acción rutinaria, aburrida, pesada, que no solo los mantendrá frustrados, sino que les impedirá cumplir con las metas y alcanzar sus sueños.

Si quiere resultados en su vida, o en su equipo, comience por medir las ganas que tiene de lograrlos. Si no hay ganas, nunca habrá retorno a la inversión.

Un grupo pequeño, con pocos recursos, pero con muchas ganas de alcanzar sus sueños y una actitud dispuesta, logrará mucho más que uno con muchos recursos, pero sin ganas.

Puedo dictar a ciencia cierta, después de todos estos años de medir las competencias de los líderes en las empresas y universidades, una sentencia real y verdadera que les doy a los jóvenes comunicadores en mi equipo... y que les repito siempre con determinación a mis hijos: haz lo que quieres y sueñas, pero hazlo con ganas. Porque solo si tienes ganas... ¡ganas!

Tercer indicador ¡Power people!

Seguridad: que transmite con su comunicación verbal y no verbal

La seguridad es definitiva como indicador de la comunicación inteligente. No existe la posibilidad de ser persuasivo sin mostrar

seguridad. Más allá del discurso aprendido y la presentación preparada, a la gente de potencial se le nota una gran dosis de seguridad. Pero
no en el tema, sino en sí mismo.

Las personas que proyectan seguridad convencen. Por eso desde el
primer instante en que usted aparezca en el escenario debe verse tranquilo y determinado. Con una seguridad total. No importa que en realidad le estén temblando las rodillas, o le suden las manos, o tenga ganas
de salir corriendo del susto, si usted se muestra seguro, las personas le
comprarán su discurso.

Y no solo en los auditorios o salas de juntas, también en la casa, con
sus hijos y con los amigos. Cuando les hablo a mis hijos de manera
segura y clara, ellos no dudan ni un minuto que lo que les digo es indu-
dable. Pero si les transmito las ideas con inseguridad y titubeos, de
inmediato comienzan a sentirse inseguros.

Muchos de los participantes en los procesos empresariales de
capacitación en comunicación me dicen: «A mí me da inseguridad en
los primeros minutos, pero luego, cuando pasan de 15 a 20 minutos, se
me quita». Y yo les contesto: ¡Y ya para qué!... ¡Ya los perdiste!

La seguridad se debe transmitir desde el primer instante en que
usted comienza a hablar. Desde antes de entrar al escenario ya todos
están midiendo su capacidad por el nivel de seguridad que proyecte.
Por eso les digo siempre: es en la primera sonrisa del saludo, cuando
usted se presenta y dice: «Buenos días», que debe proyectar tanta
seguridad, que quienes lo escuchen se sientan seguros y convencidos
de su criterio y capacidad.

La seguridad no es solo una característica para verse bien. Es un
elemento definitivo de la comunicación que se transmite e imparte a
los demás y los lleva a sentirse seguros también. Un líder que no

transmite seguridad, genera inseguridad. Por el contrario, un líder que proyecta seguridad genera un ambiente de seguridad en su entorno.

La gente de potencial se muestra, ante todo, segura de sí misma, de sus tareas, de sus conocimientos del tema y eso es lo que proyecta. Por eso los demás lo califican como persona confiable y lo siguen. La seguridad es puro ¡Power people!

Cuarto indicador ¡Power people!

Energía: que infunde y contagia con sus palabras y sus mensajes

La gente con potencial proyecta una energía única y la infunde a todo lo que dice y hace. Sus palabras y expresiones cuentan con una capacidad impresionante para energizar a otros. Esa fuerza interior que parece encender las luces por donde pasa, la transmite en la mirada, la sonrisa, cada uno de sus gestos, el tono de la voz...

La energía de la gente de potencial puede transformar el entorno. No necesariamente la proyectan los efusivos y extrovertidos, también se puede reflejar en los introvertidos, analíticos, o en los que se enfocan en lo pragmático y la consecución de resultados. La energía de la comunicación se relaciona con esa especie de «voltaje» interior que manejan las personas y que puede dar más o menos luz a un escenario.

Existen personas con tanta energía que son capaces de convertir un mensaje oscuro, plano y ladrillo, en una comunicación brillante, motivadora y amena, con niveles de persuasión extremos, que generen en la gente un nivel de concientización y sensibilización tal, que puede cambiar acciones, formatos y hasta personas.

Quinto indicador ¡Power people!

Fuerza interior: que refleja y logra conexión inmediata con las personas

La gente de potencial refleja una fuerza interior especial, que lleva a los demás a conectarse con todo lo que dice y hace de una forma muy especial. La fuerza interior de la comunicación se refiere a todas aquellas cosas que transmite la persona con su carácter. Muestra una capacidad superior de emprendimiento, intensidad y empoderamiento.

Cuando comunica, muestra todo su talante. Es decir, deja ver su fuerza de persona determinada, que sabe para dónde va y les apunta a los resultados. Todo lo que dice y hace se enfoca en aumentar la rentabilidad y conseguir las metas de oro de la entidad o la familia. Es un comunicador con propósito y demuestra que va a llegar a la meta, pase lo que pase.

Las personas con fuerza interior se conectan con la mirada, con la sonrisa, con la postura, con lo que dicen y con la forma en que lo dicen. No titubean ni les tiembla la voz. Hablan con decisión y los movimientos de sus manos, pies, cuerpo y todo su ser, parece que dijeran a gritos: «Tengo algo muy importante que decirle. Si no me escucha, usted se lo perderá. Pero yo seguiré adelante hacia el éxito».

Son imparables, inatajables, no retroceden nunca, no se rinden jamás. Pero lo más interesante que tienen es que se muestran como ¡imperdibles! Porque nadie se querrá perder el mensaje de una persona con la facultad de la fuerza interior suficiente como para mantener la atención de principio a fin. Y llevarlo a resultados.

En un escenario la dan toda. Ya sea en la sala de presidencia de la empresa o en la sala de la casa con sus mejores amigos. Su adrenalina para comunicarse es impresionante. Nunca dicen nada con debilidad o futilidad, pequeñez, nimiedad, poquedad o insignificancia.

Cuando termino de dar una conferencia o un taller en una empresa, siempre siento como si hubiera corrido una carrera de 400 metros planos. Le apunto a la meta y corro, voy como ganadora. Las personas sienten que los amo y los valoro, porque con mi fuerza interior les demuestro que estoy dispuesta a darles lo mejor de mí.

Y eso les parece extraordinario. Siempre evalúan mis capacitaciones con una gran E de ¡Excelente! en todos los ítems (presentación, proyección, logro de resultados, contenidos, interés...).

Los que no colocan una E escriben una B de bueno. Pero nunca he recibido —en más de diez años, con más de 15.000 personas— evaluaciones de regular o malo. Jamás. ¿Sabe por qué? Por este principio maravilloso de ser una comunicadora con la virtud de la fuerza interior. La valoran mis estudiantes y asistentes a conferencias, pero también mis hijos, mi familia y mis amigos en general. Gracias a Dios por esta bendita fuerza interior que me acompaña y que, sin duda, proviene de él.

La pujanza que muestran personas así es tal, que son capaces de estimular y avivar la visión hasta el final con cada uno de sus mensajes. Tanto formales como informales. Tanto en la presentación con su Power Point, como en el pasillo de la compañía, o en las reuniones uno a uno.

Parece que cuentan con tanta fortaleza como la de un soldado en pruebas de resistencia, capaz de escalar una montaña con morrales llenos de peso excesivo y sobrecargas tan pesadas que no cualquiera puede llevar. Solo los que cuentan con la fuerza interior de la comunicación. Ellos son como soldados bien entrenados y aptos para el sello ¡Power people!

Sexto indicador ¡Power people!

Inteligencia emocional: para saber dónde está parado y de qué está hecho

Otro de los indicadores que evidencian la presencia de la marca ¡Power people! es la capacidad de manejar los asuntos y los espacios con una inteligencia emocional (IE) suficiente. Solo los que cuentan con este sello imborrable de la IE pueden autoconocerse y autorregularse para ser comunicadores asertivos.

Todas las habilidades de la comunicación inteligente se relacionan con la capacidad de inteligencia emocional. Más que con las capacidades técnicas para las presentaciones o para escribir documentos de alto impacto. Cada vez me convenzo más de esto. Las personas que alcanzan altos niveles de efectividad en los mensajes que transmiten, cuentan con altas dosis de control de sus miedos, iras, euforias o depresiones.

No son reactivos. No se dejan enganchar por una situación difícil. Se conducen con la asertividad suficiente para no ser ni agresivos, ni pasivos, Mantienen un equilibrio suficiente. Sus emociones se mantienen aplomadas y no se sobrecargan con nada. Si son muy efusivos o extrovertidos, controlan y regulan su hilaridad o gritería.

Tienen claro que para convencer, no es necesario sobreactuar. Bajan el volumen a un tono agradable. Pero con suficiente presencia de ánimo para mantener a su gente atenta y expectante.

Tampoco se van para el otro extremo de los pasivos, introvertidos, que hablan como paralizados y pegados al piso. Que no convencen porque su volumen es muy bajo, su ánimo no se ve por ningún lado y la gente los percibe como planos, aburridos... Son como pesados ladrillos. Porque les da vergüenza exponerse demasiado y prefieren hacerse a un lado antes que tomar protagonismo. Les gusta ser espectadores, no actores.

Es muy importante entender el valor de la asertividad como competencia comunicacional. Para ello debemos pasar por el tema de los perfiles personales. Entender cuál es nuestra temperatura interior. Nuestro temperamento y forma de ser. Porque si no nos conocemos primero, no podremos autorregularnos.

Por eso los test y mediciones empresariales —para conocer el perfil de personalidad de cada uno—, funcionan muy bien para analizar y desarrollar las competencias de los equipos de alto rendimiento. Necesitamos saber por qué razón nos comportamos de una u otra forma para poder lograr los niveles de trabajo en equipo que queremos alcanzar como líderes.

Autoconocernos es la parte inicial de la inteligencia emocional. Cuando sabemos cuáles debilidades y fortalezas tenemos, asumimos la responsabilidad de autorregularnos. Solo de esa manera podremos llegar al nivel más alto, que es el de autocontrolarnos, para potenciar así nuestras competencias de comunicación inteligente.

Séptimo indicador ¡Power people!

Asertividad: Para afirmar, saber decir SÍ o NO, colocar límites y lograr el equilibrio

Asertividad es, además del equilibrio entre agresivo y pasivo, la capacidad de saber decir SÍ o NO. Pienso que un buen comunicador no es el que dice SÍ a todo por el síndrome de agradar. De no quedar «mal» con nadie.

El comunicador asertivo dice NO, pero sabe cómo decirlo. Porque una de las señales más importantes de la comunicación inteligente son los principios y valores que la atraviesan como eje transversal. Es decir, no basta con decir NO a todo como muestra de «autoridad». Es necesario saber decir que NO, con amabilidad y tino.

Por lo general, las personas tienen un desequilibrio comunicacional. Porque no se atreven a decir NO, con tal de no armar un conflicto. Pero cuando se atreven, lo dicen con total grosería y altanería, porque ya están en el límite de su irascibilidad. Para no llegar a esos extremos, lo importante es saber colocar bien los límites a tiempo. Cuando nos comunicamos debemos saber decir NO a tiempo, no cuando sea demasiado tarde. Y saber decir SÍ en el momento oportuno.

El desafío de la comunicación inteligente

Mi propósito de construir una cultura de comunicación inteligente es todo un desafío. Por ejemplo, el arte de saber decir NO de la manera apropiada puede cambiar todo su discurso y la forma como los demás le perciben. Me parece muy interesante una frase de Aristóteles que se refiere a la comunicación inteligente y asertiva con autorregulación: «Cualquiera puede ponerse furioso, eso es fácil. Pero ponerse furioso con la persona correcta, en la intensidad correcta, en el momento correcto, por el motivo correcto y de la forma correcta... Eso no es fácil».[7]

Daniel Goleman inicia así uno de sus libros sobre *Inteligencia emocional*. De esta manera nos permite ver que las emociones son un asunto de interés desde los primeros siglos para el ser humano. No es tan fácil controlar nuestra emocionalidad. En especial, en un mundo donde la mayoría de las personas han crecido entrenadas para «dejarse guiar por el corazón». Sobre todo en nuestros países latinos. Aunque también en el mundo entero.

Veo en mis procesos de capacitación que, por lo general, no son los participantes más entrenados —con doctorados, maestrías y especializaciones—, los que logran los niveles más altos de efectividad en su comunicación. Los que sobresalen son aquellos que saben enfrentar los conflictos en medio de un auditorio o en las reuniones del día. Los que saben autorregularse en sus emociones son los más capaces en conseguir una comunicación inteligente.

Conozco líderes muy valiosos que pierden en el escenario porque se dejan llevar por sus propias frustraciones y desilusiones. Allí he podido comprobar cada vez más que el coeficiente intelectual y la preparación no son suficientes para ser un comunicador inteligente, con la marca ¡Power people!

A veces los que más saben, cuentan con mayores problemas para relacionarse con los demás. Algunos se muestran incluso más huraños y ausentes. Por eso son percibidos como aislados y poco comunicativos. Manejan la llamada gerencia de puertas cerradas. Y a su alrededor las personas se quejan porque se meten en su mundo intelectual y no escuchan con facilidad.

Lo ideal para una comunicación inteligente y apropiada, es el equilibrio entre el coeficiente intelectual y el emocional. Todo unido a unas habilidades de expresión bien entrenadas, que lo llevarán a un empoderamiento sobresaliente de sus competencias comunicacionales.

El comunicador inteligente entra en conexión con, y es sensible a, las emociones del otro. Para ello, una de las claves es saber escuchar, tal como lo relato en mi libro *Habilidades de comunicación y escucha.*[8]

Solo cuando una persona escucha puede ser un comunicador inteligente. Para ello debe desarrollar la empatía. Es decir, «ponerse en los zapatos del otro». Tener una especie de radar para ser receptivo a las necesidades, sentimientos y observaciones de los demás. No es el mejor comunicador el que habla o escribe bien. En la habilidad para escuchar se nota la capacidad de comunicarse.

En especial se nota la inteligencia emocional de una persona cuando escucha bien al otro, de una manera dinámica, empática y con mucho interés. Eso implica gran parte de lo que considero el desafío de la comunicación inteligente. Aceptarlo y practicarlo, lo llevará a sentirse incluido en el selecto mundo de la gente de potencial, con la marca ¡Power people!

Recordemos los indicadores de la marca ¡Power people!

- **Ánimo:** que le imprime a todo lo que dice.
- **Ganas:** de «comerse» al mundo con lo que comunica.
- **Seguridad:** que transmite con su comunicación verbal y no verbal.
- **Energía:** que infunde y contagia con sus palabras y sus mensajes.
- **Fuerza interior:** que refleja y logra conexión inmediata con las personas.
- **Asertividad:** Para saber decir SÍ y NO. Colocar límites y lograr el equilibrio.

- **Inteligencia emocional:** para saber dónde está parado y de qué está hecho.

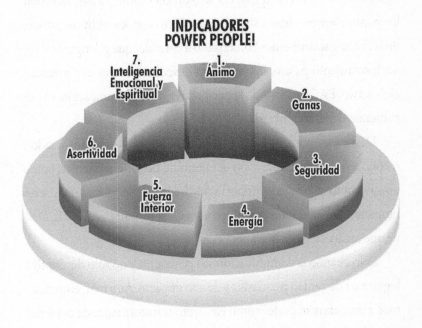

Somos seres comunicacionales

Somos seres diseñados para la comunicación ontológica. Desde el ser. Pero por años hemos entendido el proceso comunicacional como una programación técnica y rígida. Todo lo que somos se relaciona con las palabras que decimos o pensamos.

Insisto en que la comunicación debe ser propositiva, creativa; no solo un cúmulo de descripciones sin sentido. Porque todo lo que decimos se relaciona con lo que pensamos, pero también con lo que sentimos, con lo que somos, en esencia.

Necesitamos cambiar el concepto de comunicación y conducirlo hacia una significación mucho más trascendente. Más inteligente. Por siglos se pensó que el lenguaje era solo una herramienta para describir los pensamientos, ideas y sentimientos. Pero con los últimos avances de la investigación, hemos comenzado a entender que el lenguaje no es un instrumento pasivo, limitado a la descripción, sino una vivencia, algo activo. Eso cambia toda la perspectiva de la comunicación. O por lo menos, debería cambiarla.

Desde esa óptica, todas las disciplinas científicas han comenzado a reconocerle a la comunicación el puesto de honor que merece, como un elemento demasiado importante dentro de la vida de los seres humanos. Sus relaciones, comprensiones, expresiones... cada día. Desde que amanece hasta que anochece.

Solo cuando la comunicación sea generativa y no solo descriptiva, logrará ser de verdad persuasiva y de alto impacto. Aun màs, empezaremos a descubrir su poder como elemento transformador de personas, entornos, climas y culturas enteras.

Los actos de la comunicación empresarial como la visión, la misión y los valores de la empresa. Las políticas de recursos humanos. O cualquiera de los documentos que tienen que ver con el pensamiento y el ADN de la entidad, son declaraciones que expresan la vida misma de la compañía. Por eso no pueden ser simples descripciones colgadas en la página web o en las carteleras de los pasillos de la entidad.

Los líderes y directivos de la compañía deben preocuparse por sensibilizar y concientizar los valores corporativos y alinearlos con los valores personales de todos los funcionarios. Eso no se logrará sino a través de campañas de comunicación bien dirigidas y diseñadas de tal manera, que lleguen al ser de cada persona, más allá de su memoria o su capacidad de archivar en el escritorio de su computador.

Todas las innovaciones deben pasar por procesos de comunicación que permitan transformar los modelos mentales existentes. Para ello es necesario romper paradigmas y recalcular el camino trasegado hasta el momento. Pero es solo a partir de una comunicación asertiva que el liderazgo de una empresa, de una familia o de un país, logrará transferir los principios y valores, al punto de que las personas los interioricen y se vuelvan parte de su estilo de vida.

Esto es cada vez más sencillo y efectivo, gracias al poder de las redes sociales y a las redes internas de comunicación de la empresa. A los iPhone, iPod, Blackberry y todas las demás herramientas tecnológicas que permiten ahora, más que nunca, generar campañas masivas de expectativa y sensibilización en tiempo real de manera virtual.

Es tan clara la importancia de la comunicación inteligente, que todo lo que transmitimos en el Twitter, el Facebook y todas las redes sociales, se ha convertido en una manifestación de la interioridad de las personas. Como dijo Albino Gómez: «El lenguaje electrónico ha cambiado la forma en la que convivimos».[9] Pero son capaces de generar cambios los que suelen ser más leídos y seguidos. No los que se van por el lado de la descripción fría y escueta. A esos los llamamos aquí gente de potencial virtual: ¡e-Power people!

La comunicación inteligente transforma

La comunicación inteligente no es pasiva. Cuenta con la posibilidad de transformar todo el entorno. Por eso no nos debemos quedar en las simples afirmaciones, interpretaciones o proposiciones sobre lo que vemos y oímos.

Necesitamos comenzar a construir una cultura de comunicación con declaraciones que permitan un mejoramiento continuo. Convertirnos en comunicadores de valor agregado, que siempre generan cambio y transformación.

Podemos generar una comunicación transformadora, que no sea solo descriptiva. Pero debemos tener cuidado con los juicios de valor que pueden producir conflictos. Por ejemplo, podemos decir: «Liberty es una empresa mundial de seguros de vida».

Pero cuando decimos: «Liberty es la empresa mundial de seguros más sólida», podemos generar resistencia en los rivales. Por eso es necesario abstenerse de los juicios de valor. Debemos ser generadores del cambio y la trasformación, pero no jueces o policías de la entidad. Tampoco agentes que tratan de «vender» con adjetivos superlativos y no de transformar con comunicaciones que generen el cambio como factor de innovación y éxito.

CAPÍTULO 3

Los inhibidores de su potencial

Cómo tratarlos

El potencial y la inteligencia comunicacional de una persona pueden ser altos, pero muchas veces se ven truncados por algunos factores a los cuales llamaremos inhibidores de la comunicación, porque privan a las personas de transmitir lo que piensen o sientan.

Si nos vamos por un momento a la figura científica, encontraremos que los inhibidores enzimáticos son aquellos elementos que se unen a las moléculas y disminuyen su actividad. Muchas veces se emplean en los medicamentos para inhibir el potencial negativo de una enfermedad.

Inhibir entonces tiene que ver con impedir, oponerse, resistir y bloquear. Por eso me parece que es el término más adecuado para definir aquellos elementos que no dependen de sus conocimientos o habilidades. Son debilidades personales que afectan el poder de su inteligencia comunicacional y le impiden lucir su sello ¡Power people!

Los inhibidores de la comunicación inteligente

Inhibidor no. 1: la excesiva y compulsiva búsqueda de lo extraordinario

> Se debe hacer todo tan sencillo como sea posible, pero no más sencillo.
>
> —ALBERT EINSTEIN (1879–1955)[1]

Las conversaciones complicadas y complejas, en vez de impactar, se vuelven enredadas y pesadas. Los mensajes ordinarios pueden obtener resultados extraordinarios. Mientras que los mensajes con pretensiones de extraordinarios terminan por convertirse en muy ordinarios.

> Las inteligencias poco capaces se interesan en lo extraordinario; las inteligencias poderosas en las cosas ordinarias.
>
> —ELBERT HUBBARD (1856–1915)[2]

Es necesario aprender a valorar los elementos más simples de la comunicación. Pienso que el principal problema de las personas al tratar de transmitir un mensaje es querer ser tan trascendentales y complejos, que solo logran distraer, saturar, confundir, cansar y, lo peor, perder a su interlocutor.

En el libro *El poder de lo simple* se menciona una frase del filósofo y escritor Miguel de Unamuno que dice: «La falta de sencillez lo estropea todo»,[3] frente a esta afirmación se compilan los siguientes ejemplos que demuestra el uso de una comunicación complicada:

Al crear su obra Hamlet, Shakespeare contaba con 20.000 palabras conocidas para escribir. En el momento en que Lincoln escribió el famoso discurso de Gettysburg en un sobre, pudo utilizar 114.000 palabras para lograrlo.

Pero en la actualidad existen más de 600.000 palabras en un diccionario on line. Por esa razón el nivel de complejidad de la comunicación es cada vez mayor. Aunque las redes sociales nos exijan escribir más breve, las personas siempre tienden a enredar las ideas con palabras complicadas, solo por la inseguridad de no ser bien leído. Así, por querer decir más, dicen menos.

Si nos dedicáramos al ejercicio de convertir algunos de los refranes y proverbios populares en mensajes complicados y complejos, entenderíamos un poco más de qué se trata este inhibidor de volver complejo lo que debería ser sencillo:

Ejemplos de cómo volvemos complejo un refrán sencillo

- Las intrínsecas capacidades y posibilidades de extremo éxito de una fémina fea son objeto de interés y deseo de una congénere bonita.
  - *La suerte de la fea, la bonita la desea.*
- Si las personas comprendiesen el valor portentoso de iniciar las labores cotidianas en horarios más tempranos, seguramente el Creador les supliría con su favor.
  - *Al que madruga, Dios le ayuda.*
- Al unirse a un ejemplar herbario que cuenta con suficientes capacidades ecológicas y de biodiversidad para resguardarlo

en su sombra, usted contará con mayores probabilidades de ser protegido.

- *El que a buen árbol se arrima, buena sombra lo cobija.*

- Más vale la pena detenerse a pensar en un ave accesible y cercana, que en cientos de millares de otras especies, tal vez más bellas, pero que no nos pertenecen.

- *Más vale pájaro en mano, que cien volando.*

- Solo existe una progenitora capaz de dar la vida por sus hijos, ser único e irrepetible, imposible de reemplazar por nadie en el universo y el espacio sideral.

- *Madre no hay sino una.*

La buena escritura y el buen discurso no son confusos. Deben ser, ante todo, claros y comprensibles. Cuanto más cortos, mejor. Y aquí cabe un sabio refrán popular, aplicado a la comunicación: «Lo bueno, si es breve, es dos veces bueno».

El valor de lo sencillo

La gente que valora lo simple de una sonrisa, de un saludo amigable, de una presentación minimalista, de un lenguaje espontáneo y no rebuscado, es mucho más asertiva. El poder de lo sencillo es cada vez más atractivo para las personas que le escuchan. Porque en la era de lo virtual, en la que las nuevas generaciones se comunican sin ninguna clase de arcaísmos y conectores obsoletos, es determinante comenzar a pensar en impactar desde lo sencillo. Valorar lo simple.

Con la aclaración de que ser sencillo no significa no ser profundo. Es posible ser sencillo y manejar el poder de las palabras y de un mensaje con inteligencia comunicacional. Es más, puede llegar a ser mucho más inteligente y poderoso desde un lenguaje y una postura sencillos, que desde uno complicado y confuso.

Es posible cambiar saludos acartonados por otros menos elaborados, que permitan un acercamiento natural y no uno tan preparado que se note falso y pretensioso. Porque la comunicación complicada es un inhibidor fatal del mensaje que usted quiere transmitir.

No cabe duda que los mejores speakers —conferencistas— son los que logran conectarse con su público a partir de lo sencillo y que no posan de académicos saturados con un lenguaje rebuscado sino que prefieren dirigirse a la gente con palabras y frases simples, que no se jactan ni posan con prepotencia de gente que sabe mucho, cuando en realidad lo que sucede es que generan resistencia e inhiben el mensaje.

Y no me refiero solo al ámbito empresarial y profesional. Mucho más en el día a día de nuestra comunicación necesitamos valorar los mensajes y las conversaciones más sencillas como relevantes e importantes. Una esposa que sabe cómo compartir con su marido los asuntos más sencillos que le sucedieron en el día, lo enamora y lo conquista con historias encantadoras que lo pueden llevar a liberarse del estrés, a sonreír y a amarla cada día más.

El problema es que la mayoría de las esposas quizás se comunican con lo más difícil, complejo y complicado que encuentran. Por lo general, solo se dirigen a sus maridos cuando necesitan hablarles de algún problema o de aquellos conflictos internos que la agobian y la angustian. Me llama la atención el nombre de una de las series más famosas en Colombia y otros países: «Amas de casa desesperadas». Pero lo más impresionante es lo que son capaces de hacer por su desespero. Pueden llegar hasta convertirse en asesinas, suicidas o psicópatas en potencia.

Me cuestiono cuando los hombres quieren hacer bromas acerca de las esposas —o las suegras— y se refieren a ellas con comparaciones como «la fiera», «la lora», «la cantaleta». Lo peor es que, en la mayoría de los casos, tienen razón. ¡Qué triste! Mujeres inteligentes, bellas, dulces, aun con una excelente profesión, se convierten en «fieras» indomables con una comunicación que las desluce y convierte su imagen en lo que no son.

Porque no sabemos transmitir lo que sentimos, pensamos, creemos, soñamos, anhelamos... a partir de lo simple y lo sencillo. Nos dejamos desesperar y pensamos que para ser escuchadas o atendidas necesitamos acudir a expresiones complicadas, transmitidas con un tono áspero e insolente, que los faculta para utilizar esos símiles tan comunes como el de «fieras».

La mujer inteligente no es aquella que habla mucho, da cantaleta, controla todo con sus palabras. Por el contrario, es aquella que habla pocas palabras, pero contundentes, de alto impacto, con un espíritu amable y apacible, con una sonrisa en los labios y de la manera más sencilla posible.

Sin lugar a dudas, el valor de lo sencillo en la comunicación conyugal podría llegar a salvar muchos matrimonios del divorcio. Puesto que la mayoría de las rupturas se producen porque, al final, ambos dicen: «No nos entendimos» o «No somos compatibles». Creo que si ambos lograran transmitir lo que piensan y sienten serían mucho más felices y libres.

Si las relaciones interpersonales se basaran en el valor de lo más simple de la comunicación, se evitarían la mayoría de los conflictos y discordias. Lo sencillo no solo sería una medicina preventiva para las disfuncionalidades en los hogares, las empresas y hasta los gobiernos, sino que se convertiría en un deleite nutricional diario para las relaciones sanas, libres de las respuestas conflictivas que llevan a relaciones tóxicas.

Conversaciones sencillas

El poder de la inteligencia comunicacional, tema central de este libro, solo se puede experimentar de verdad si regresamos a las conversaciones sencillas. A expresar nuestros pensamientos y sentimientos a partir de lo más genuino, transparente, auténtico y simple que nos sea posible.

La comunicación moderna se simplifica, en la medida en que entramos en la era de lo virtual. Fíjese en la obligación que nos imponen las redes sociales como Twitter, de transmitir mensajes en menos de 140 caracteres. Y si se trata del Facebook, no permite que usted incluya conectores arcaicos, jurásicos y fosílicos como «de la manera más atenta me dirijo a usted...» o «...teniendo en cuenta lo anterior», o «cabe aclarar...». Los conectores son complicados y confusos. Impiden la fluidez y convierten los textos y conferencias en unos ladrillos pesados. Este tema lo podrá ver con más detalle en mi libro *Habilidades de comunicación escrita.*[4]

Las conversaciones simples, son mucho más claras y, por consiguiente, mucho más efectivas. Más agradables, amables y amigables. No trate de convencer con complicados discursos que se convierten en retahílas insoportables. Practíquelo con sus hijos, cualquiera que sea su edad. Sí usted se dirige a ellos tratando de ser un papá o una mamá muy «respetable», con su discurso muy elaborado, los perderá. Pruebe más bien a cambiar ese mensaje complicado y distante por uno más cercano, natural, descomplicado y próximo.

Para conseguirlo, es necesario romper un paradigma muy común: «Para mantener la autoridad, debo ser muy rígido, frío, distante y hostil». Mentiras. Se puede ser sencillo, simple, amable, afectuoso... y mantener la autoridad. Ser sencillo puede ser sinónimo de directo, claro y con autoridad. Punto.

Existen muchos paradigmas alrededor de la falsa creencia de que lo complicado es más efectivo. Por eso es que para ser simple es necesario cambiar la manera de pensar, desmontar los esquemas mentales adquiridos y comenzar a desintoxicar sus diálogos y conversaciones hasta verlos libres de «grasas» dañinas que inflan y engordan sus mensajes, pero que le hacen daño y lo esclavizan con un sobrepeso de su comunicación, poco saludable y con riesgos mortales de infarto en sus relaciones.

Valga aquí el símil con la salud física y la sana nutrición, para aplicarlo a la comunicación saludable y con buenos hábitos. También valga la aclaración de que «simple» no significa sin gracia, aburrido, desabrido y sin sabor. En este contexto nos referimos a lo simple como la belleza de lo natural, lo tranquilo. A la consigna de «menos es más» aplicada a la arquitectura, al diseño, a la moda... por la tendencia minimalista actual.

Lo he comprobado en las investigaciones, mediciones y diagnósticos empresariales que he realizado a más de 15.000 profesionales en diferentes países: logra más quien dice menos, pero bien dicho, que quien dice mucho, pero con rodeos y rebuscamientos. Lo repetiré cada vez que pueda: la sencillez es un indicador de la madurez del comunicador. Tanto al escribir como al hablar. Por eso enfatizo en mi propuesta de retornar a la comunicación inteligente, a partir del valor simple.

Necesitamos volver al valor de lo ordinario. Llamar la atención con mensajes extraordinarios es un síndrome a lo largo y ancho de la historia de la comunicación, cualquiera que sea el medio o canal por el que se transmita. Desde la era de los manuscritos en piedra, la tinta en el pergamino, la máquina de escribir, hasta los computadores y el celular, los seres humanos siempre nos hemos enfrentado a nuestros egos para comunicarnos.

Si no contamos con algo muy espectacular, grandioso, portentoso y fabuloso que decir, preferimos no decir nada. Por eso lo extraordinario es un fatal y funesto inhibidor de las charlas más amenas y deliciosas.

Hoy en día es muy usual que las personas utilicen adjetivos extraordinarios para comunicarse. Es muy común ver en los mensajes de las redes sociales Twitter y Facebook, frases que terminan o inician con calificativos enmarcados en signos de admiración como ¡sensacional!, ¡fabuloso!, ¡excelente!, ¡lo máximo!, ¡me encanta!, ¡divino!, ¡precioso!, ¡perfecto! y muchos más. A mí personalmente me gustan y me parecen... ¡geniales!

Pero es justo por ese afán de lo extraordinario que estamos perdiendo el sentido del deleite y el valor de los mensajes ordinarios, los que pueden generar un efecto incluso más especial. Además de una comunicación amable y amena, pero tranquila y relajada, sin sobresaltos ni excitación alguna.

Un mensaje cotidiano de redes sociales o internet puede decir algo como: «Hola Juan, deseo que tengas un día ¡fabulosooooo!... Con resultados ¡excelentes y éxito en todo lo que emprendas!... No te imaginas cómo estoy pensandoooooo en ti. ¡Un fuerte abrazooooo!».

Pero si lográramos devolverle al mensaje su valor ordinario, amigable, sereno, podríamos decir sin preámbulos ni fanfarrias: «Hola Juan, que tengas un lindo día lleno de éxitos. Pienso mucho en ti. Un abrazo». Sin calificativos extraordinarios ni signos de admiración.

Le aseguro que sus mensajes ordinarios se pueden convertir en generadores de una comunicación más empática, sensible al otro, con los pequeños detalles que le alegrarán el día, aunque no lo impacten y lo emocionen de manera tan efusiva.

Es obvio que el mensaje tiene todo que ver con el estado de ánimo, el perfil del temperamento de cada persona y muchos otros factores. Pero la apuesta de la inteligencia comunicacional apunta a relajar los mensajes, para que no se nos conviertan todos en una constante de explosiones extraordinarias. De esa manera podremos disfrutar el valor de las conversaciones ordinarias, mucho más fáciles de decir y escribir, sin tanta ansiedad, intensidad y carácter impulsivo.

Al decir «ordinarias» me refiero a comunes y corrientes. No a conversaciones de baja calidad. Porque existen las dos acepciones del término «ordinario» en nuestro idioma. En Colombia, cuando hablamos de una persona o cosa ordinaria, siempre pensamos en lo opuesto a lo fino. En algo o alguien de baja calidad y pésimo nivel.

Pero aquí nos referimos al concepto de ordinario como un sinónimo de lo sencillo. Lo opuesto a extraordinario. Es decir, que no tiene excesos, ni busca el show o la exageración. Lo ordinario es aquello que enamora por su bondad, normalidad, sobriedad y tranquila calidez.

No quiero decir con esto que no sea bueno lo extraordinario. Lo que creo es que no debe tratar de aplicarse en todas las conversaciones y expresiones cotidianas. Debemos volver al deleite calmado de la comunicación ordinaria, que permite disfrutar las frases más simples del otro, sin aspavientos ni bulla.

Debemos aprender a mantener pláticas acerca del color de una flor, de la deliciosa cena que tuvimos. Hablar de cine, de viajes, de lugares interesantes, de las últimas noticias del mundo, del olor de una fruta, de las próximas vacaciones, de deportes, de música... todos los temas pueden convertirse en una conversación amena y grata si contamos con la disposición suficiente para volverla agradable y feliz.

No espere a tener un problema o algo muy trascendental de lo cual hablar para comunicarse. A veces las charlas más ordinarias se convierten en la más extraordinaria forma de mantener muy en alto la motivación y el estímulo al otro.

También se vale hablar de los recuerdos ordinarios: del barrio cuando éramos niños, de las historias que nos traen remembranzas felices. Volver una y otra vez a las anécdotas que nos divierten. Aunque las tengamos que repetir y a nuestros hijos a veces les parezca que las frecuentamos mucho en cada reunión. Es seguro que después ellos repetirán la tarea y las contarán a sus hijos. Solo de esa manera rescataremos las tradiciones orales que tanta falta nos hacen, para construir identidad y sentido de pertenencia.

Para disfrutar del valor de las conversaciones ordinarias, se requiere de un buen sentido de la inteligencia comunicacional. Saber contarles cuentos a los hijos, a la esposa, a los amigos, es algo que debemos practicar. Sin pretensiones ni espectacularidades. De esa forma lograremos mantener viva la llama de la integración, de las relaciones interpersonales poderosas, afianzadas y cimentadas en un solo valor fundamental: el valor de lo sencillo y lo ordinario. Nada más. Así de simple.

Inhibidor no. 2: pesimismo, negativismo y fatalismo

Nada inhibe más una comunicación agradable que un espíritu negativo y pesimista. Es un bloqueador fatal y desesperante, que no solo estorba las conversaciones sino que logra obstaculizar a las personas para que cumplan sus metas, objetivos y sueños.

Es imposible pensar en conseguir un alto nivel de inteligencia comunicacional desde el lado del pesimismo y el negativismo. Porque el ¡Power people! solo funciona desde el lado positivo. Claro, con un serio y asertivo balance para lograr el equilibrio entre la realidad y el optimismo.

Pero permítame aclararle y ser muy enfática aquí: las personas confunden el ser «realista» con el ser pesimista. Y se escudan en su capacidad de ser objetivos, para meterse en el escuadrón de los realistas, sin darse cuenta de que hace rato se encuentran en la larga y tediosa fila del pesimismo. Es decir, a todo le encuentran el lado negativo, el riesgo, el obstáculo o la fatalidad.

Una de mis frases favoritas de Winston Churchill es aquella que dice: «El optimista ve una oportunidad en cada calamidad, el pesimista una calamidad en cada oportunidad». Nada más cierto que esto. Por eso es necesario apuntar al optimismo, si queremos entrar de una vez por todas a la agradable y exitosa fila de la gente de potencial, que mira la vida y las circunstancias como oportunidades de mejora, no de fracaso.

Es fascinante andar con personas con inteligencia comunicacional, que siempre asumen una postura positiva ante los escenarios más adversos. En sus conversaciones siempre se encuentran elementos de ánimo, motivación y estímulo, porque le apuestan a una meta y no se fijan en los gigantes para entrar a la tierra prometida, sino que se concentran en la bendición que van a conseguir cuando lleguen. Por eso están preparados para enfrentar obstáculos y pánicos con coraje, porque su mirada de fe está puesta en el galardón final, no en los impedimentos.

Para los ¡Power people!, los gigantes que se interponen en la tierra prometida son —como para Josué y Caleb en el relato bíblico—: «pan comido», «presa fácil». Mientras que para los otros espías enviados por Moisés y Aarón a reconocer la tierra, esos gigantes se los iban a comer vivos, Josué y Caleb se pararon en el lado del optimismo y dijeron: «Esa tierra es maravillosa y puede ser nuestra». Los primeros veían tan fuertes, tan grandes, tan poderosos a los habitantes de aquella tierra, que se sintieron completamente inhibidos y fueron a darle el peor reporte a su líder.

La tierra era la misma, pero la postura que asumieron los optimistas fue lo que marcó la gran diferencia. El relato dice que a Dios le agradó la actitud de Josué y Caleb. Por eso fueron los únicos merecedores de la tierra prometida. Mientras que los otros diez espías, no solo se quedaron sin los beneficios, sino que tuvieron que vivir para siempre con la amargura de su postura derrotista.

No se trataba de que Josué y Caleb no fueran «realistas». Solo que ellos miraban la misma realidad desde un ángulo positivo y lleno de fe, que no los inhibía ni les impedía alcanzar sus sueños. Fíjese que ninguna historia real o de ficción considera el negativismo como motivador. Porque el pesimismo siempre inhibe el potencial, frustra, bloquea y paraliza.

> Los únicos interesados en cambiar el mundo son los pesimistas, porque los optimistas están encantados con lo que hay.
>
> —JOSÉ SARAMAGO (1922–2010)[5]

Inhibidor no. 3: el pánico escénico, por el miedo a ser descalificado

Un inhibidor de la comunicación, que parece primo hermano de los anteriores, es el temor. El pánico escénico, por el miedo a ser descalificado. La gente no se comunica, o se inhibe de transmitir algún mensaje, porque no quiere sufrir el rechazo.

Este es uno de los inhibidores más comunes y que más daño causa a la transmisión de los mensajes. Lo he comprobado en los procesos de entrenamiento empresarial. Cada vez que un líder debe presentarse ante un público, se inhibe demasiado y no puede exponer sus presentaciones, por el pánico que le causa la audiencia.

Mucho más cuando se trata de compañeros y amigos cercanos. Se sienten mucho más inhibidos, porque son los que le conocen en el día a día laboral y asumen que pronto vendrán las burlas, las posibles críticas o los comentarios negativos, que tanto daño hacen. Este inhibidor es impulsado por una necesidad primaria en todos los seres humanos: la necesidad profunda de aceptación y el deseo casi adictivo de ser aceptados por los otros.

La gente se inhibe porque le tiene pánico a hacer el ridículo. Lo que en Colombia se llama de manera común «hacer el oso». Por eso muchos, con tal de no exponerse a ese «oso», prefieren no comunicarse y se dejan vencer por el gigante del miedo, que no solo los inhibe, sino que puede llegar a bloquear por completo sus posibilidades de influencia y alto impacto.

Inhibirse es una consecuencia natural de la inseguridad, la cual es producto de la falta de confianza en sí mismo. Por eso las personas que quieren llegar al nivel del ¡Power people! deben vencer, antes que nada, al fatídico inhibidor del miedo.

Aunque en mi libro *Habilidades de comunicación hablada*[6] trato de manera exhaustiva el tema de cómo manejar el pánico escénico ante el público, quiero aquí enfatizar en ese aspecto como uno de los más necesarios para generar el efecto ¡Power people!

La gente de potencial es, sin duda, aquella que no se inhibe ante nada ni nadie. Muestra determinación y temple suficientes para convencer. Cuando usted plantea sus ideas y sentimientos sin temor, el público le compra todo lo que le venda, porque le cree y además le aplaude. Sin inhibidores, transmitirá, más que conocimientos e información, fuerza, carácter, templanza, dominio de sí mismo... todo aquello que eleva su nivel de credibilidad y, por lo tanto, su capacidad de influencia y transformación en las personas.

Inhibidor no. 4: el espíritu pusilánime

Heredé el amor por la etimología y el significado de las palabras de mi padre, Gonzalo González,[7] amante de la lingüística, intelectual puro, maestro de maestros de la redacción y depurador del lenguaje.

Desde niña siempre me llamaban la atención las palabras raras que él pronunciaba con deleite, como por ejemplo, «pusilánime». Me parecía interesante y me extrañaba su sonoridad. Hasta que descubrí en el *Diccionario de la Real Academia Española* de la lengua lo que significa:

Pusilánime: adjetivo. Falto de ánimo y valor para soportar las desgracias o hacer frente a grandes empresas: *le va a costar recuperarse del accidente porque tiene un carácter muy pusilánime*. También con cobarde, desdichado, espíritu, gurrumino, lánguido, medroso, menguado, mínimo, pendejo.[8]

Ante semejante lista de adjetivos calificativos —o descalificativos—, no pude hacer otra cosa que tomar una decisión: quiero ser todo en la vida, menos «pusilánime». Porque soy una convencida de que lo más importante para conseguir una comunicación asertiva y de alto impacto es imprimirle determinada presencia de ánimo a todo lo que se dice o hace.

Sin ánimo resuelto, no puede existir una buena comunicación. El ánimo es determinante para convencer. Para llegar al otro, para alcanzar la conexión deseada. Fíjese en los grandes líderes que persuaden, siempre le aplican una enorme cantidad de ánimo a todo lo que hablan y llegan a niveles altos de impacto porque no solo informan y transmiten ideas, sino que pueden llegar a cambiar las decisiones de una persona, por el impacto de su denuedo.

Los sinónimos de la palabra pusilánime son: cobardía, cortedad, timidez, apocamiento, flojedad, temor y desánimo. Sus antónimos son: valentía, entereza y coraje. ¿Cuál prefiere?

Inhibidor no. 5: la falta de dicción y expresión

Muchas veces las personas cuentan con capacidades para hablar ante cualquier público. Están bien preparadas en cuanto a conocimientos y manejan una buena postura. Pero todo se cae por una falta de dicción suficiente y una expresión oral fatal. Tartamudean, no vocalizan, van demasiado rápido, hablan asfixiados porque no saben respirar, no pronuncian bien el ochenta por ciento de las palabras que dicen, van como una carreta desbocada y, por todo eso, no se les entiende bien.

Como saben que esto les sucede, entonces se inhiben y prefieren no hablar en público o en ambientes íntimos, porque su capacidad de dicción y pronunciación es muy deficiente. Por eso se inhiben y son incapaces de construir diálogos con ilación y fluidez.

Aunque cuentan con las capacidades sociales e intelectuales suficientes para lograrlo, ellos prefieren callar y enmudecer que exponerse al escarnio y la burla. O simplemente asumen que nadie les entienda y les tengan que decir: «Por favor, repítame porque no le entendí». Algo que les sucede con mucha frecuencia.

Este inhibidor me recuerda una de mis películas favoritas: el fantástico filme británico «El discurso del rey», del año 2010, basado en la historia del duque Alberto de York, que limitado por su tartamudez había desarrollado un fatal temor a hablar en público.

Su discurso de clausura en la exposición del Imperio Británico en 1925 fue una experiencia terrible, tanto para él como para los oyentes. La frustración hacía parte de la vida de ese personaje poderoso. Después de varios tratamientos sin resultados, aceptó la sugerencia de su esposa de visitar un terapeuta del habla llamado Lionel Logue.

Lionel acompañó al duque en su proceso de mejoramiento del habla pero no con un método convencional. El proceso no se enfocó en sus habilidades técnicas para hablar, sino en la fuerza interior personal que debía implantarles a sus discursos.

En 1939, York emitió un discurso magistral, dirigido al Reino Unido y a todo el territorio del Imperio Británico. El éxito fue total. Habló a la perfección, sin tartamudear, ni titubear. Lo consiguió porque fue empoderado desde su ser interior. De esa manera mostró su marca como rey del potencial ¡Power people! El rey venció su pánico inhibidor... ¡Viva el rey!

Inhibidor no. 6: la mente cerrada

Cuando no se cuenta con una disposición receptiva al aprendizaje, a la innovación y al cambio como un factor de éxito, las personas viven inhibidas, bloqueadas y coartadas en su potencial de creatividad. Pero sobretodo, en sus posibilidades de comunicación inteligente. Pueden ser gente de potencial en esencia, pero la mente cerrada no les permite desarrollar sus habilidades para demostrarlo.

La persona con mente cerrada no acepta sus debilidades y es presa de ellas, culpa a los demás por los errores del grupo y nunca los asume, vive en una continua competencia malsana y no descansa porque siempre trata de sobrepasar a otros con sus ideas cerradas. No trasciende porque busca imponer una forma de pensamiento que, aunque ya se encuentre obsoleta o fuera de lugar, para esa persona es la forma de pensar ideal y la única aceptable.

Para ser alguien con la marca ¡Power people! es urgente cambiar la forma de pensar. Abrir la mente a nuevos horizontes y estar en constante disposición a los nuevos avances de la comunicación, que cada vez son más acelerados y cambiantes, gracias a los progresos de la tecnología.

Cambiaré mi forma de pensar para que cambie mi forma de vivir. Ese es el lema de la gente de potencial con inteligencia comunicacional. Lo dijo Pablo en su carta a los Romanos: «No vivan ya según los criterios del tiempo presente; al contrario, cambien su manera de pensar para que así cambie su manera de vivir y lleguen así a conocer la voluntad de Dios, es decir, lo que es bueno, lo que es grato, lo que es perfecto» (Romanos 12.2, DHH).

La única forma de alcanzar una comunicación inteligente es a través de una mente sensible al cambio. Avanzar en la búsqueda del crecimiento continuo. La mente contiene el entendimiento, la creatividad, el aprendizaje, el raciocinio, la percepción, la emoción, la memoria, la imaginación y la voluntad, así como otra serie de habilidades cognitivas.

Por ello es tan importante que mantengamos una posición sensible a la renovación del entendimiento, para que seamos capaces de comprender el verdadero propósito de la vida y avancemos en cuanto a la capacidad de una comunicación inteligente que transmite pensamientos transformados y renovados; no una mente obtusa, que comunica ideas y conceptos obsoletos y cerrados.

El *Diccionario de filosofía* de Mario Bunge dice que la mente abierta es «la disposición para aprender nuevas cosas y revisar las creencias; el dogmatismo. No se debe confundir con una mente vacía. Una mente abierta es crítica, es decir, tiene filtros que mantienen la basura fuera».[9]

Tener una mente abierta no implica ser una persona con falta de personalidad. Ni que siga al pie de la letra todo lo que le digan los demás, por falta de carácter o criterio propio. No es una mente a la que otros le «lavan el cerebro» a su antojo.

La mente abierta cuenta con una permanente disposición al cambio y la transformación, pero con capacidad de análisis y filtros suficientes para no dejar entrar o reciclar la basura.

Considera su ignorancia y no se cree un sabio o un producto terminado. Sino un aprendiz que siempre siente una profunda avidez por la enseñanza y el crecimiento. Su actitud es una de disposición, no de resistencia a la instrucción ni de oposición al cambio.

La gente de potencial tiene la mente abierta. Por eso siempre está lista para facilitar soluciones y presentar nuevas estrategias con ánimo emprendedor. Es parte de su sello personal ¡Power people!

La urgente transformación personal y empresarial

El término transformación se refiere a la acción de modificar algo, alterarlo o cambiarlo de forma, manteniendo su identidad.

Para conseguir la transformación en la gente de potencial se requiere desarrollar su inteligencia de manera integral. Eso se llama somatizar. Soma es la integralidad del ser: espíritu, alma y cuerpo.

Las empresas inteligentes, con mente abierta, buscan la transformación como parte de su estrategia de crecimiento o rentabilidad. Es una metodología ontológica —del «ser»— con el propósito de desarrollar habilidades y competencias para conseguir una mayor efectividad. De esa manera obtienen además la libertad del ser, con alegría, facilidad de expresión y mente amplia.

Los procesos de transformación llevan a una entidad o grupo a conseguir un equipo humano más feliz, sano y comprometido, con líderes capaces de tomar buenas decisiones y conseguir los resultados trazados, hasta llegar a sus metas de oro.

Resultados de un proceso de transformación efectivo

- **Escucha dinámica y empatía.** Para permitir un mejor trabajo en equipo, en el que cada miembro del grupo es tenido en cuenta y valorado.

- **Compromiso compartido.** Las personas del equipo se sienten comprometidas con la tarea cuando viven en un permanente proceso de transformación interior. Es un deber compartido.

- **Responsabilidad con el proceso.** Cuando los integrantes del equipo se encuentran en medio de la transformación, son más capaces de desarrollar el sentido de la responsabilidad acerca del proceso.

- **Manejo adecuado de los temores.** La gente de potencial cuenta con la templanza suficiente para no dejarse controlar por el miedo en medio del conflicto. Por lo general, los temores paralizan al equipo. Es necesario el ambiente de afecto para dar seguridad y afianzar al equipo.

- **Resolución de conflictos.** Los procesos de transformación empresarial deben llevar a las personas a ser capaces de comunicarse en medio de ambientes de conflicto y presión. No pueden ser reactivos, ni dejarse llevar o desgastar por el estrés cotidiano.

- **Principios y valores alineados.** La gente de potencial se apoya en los principios y valores corporativos. Sabe alinearse con el manual de ética que define la verdadera inteligencia de la comunicación.

- **Valoración de los individuos.** En medio de un ambiente de transformación, los individuos deben sentirse valorados como personas, no por lo que hacen o por lo que saben. Reconocen que los resultados son importantes, pero saben que su valor es mucho mayor.

La fuerza del pensamiento flexible

Junto a la capacidad comunicacional de contar con una mente abierta, se encuentra también la habilidad de un pensamiento flexible. Es aquel que permite reorganizar el objetivo y asumir los cambios como un factor de éxito y no de conflicto.

Para ser un comunicador con la marca ¡Power people! a nivel empresarial y personal, es necesario que los individuos cuenten con un pensamiento estratégico. Este les permitirá alcanzar altos niveles de impacto y competitividad en el mercado. Maximizar las oportunidades, desde el lado financiero, del mercadeo, de las ventas, de lo administrativo, lo logístico... y todas las otras áreas.

Si se trata del pensamiento estratégico occidental, este apunta a un proceso para llegar al producto ideal. Pero para los orientales, el pensamiento estratégico apunta a lo real.[10]

El pensamiento flexible cuenta con la capacidad de extender los terrenos de su comunicación. No tiene límites. Es moldeable, hábil, perspicaz, agudo, rápido, entiende más rápido que los demás aquellas cosas que para muchos son inexplicables y, por supuesto, las transmite con gracia, desde su perspectiva amplia y expansiva.

Capacidad de reinventarse

La gente de potencial demuestra ante las circunstancias que no se detiene por nada. Cuenta con una profunda capacidad de reinventarse, cada vez que enfrenta un conflicto o una adversidad. La fuerza del pensamiento renovable es capaz de afrontar cualquier resistencia y superar cada uno de los obstáculos que aparecen en el camino.

Sus retos favoritos son la creatividad y la innovación. Aunque se mantiene estable y centrado, el pensamiento flexible no depende de las circunstancias ni de las tormentas. Cuenta con autonomía y capacidad suficientes para tomar decisiones bajo presión y salir airoso, bien librado, en el intento.

Dice Walter Riso: «La flexibilidad mental es mucho más que una habilidad o una competencia: es una virtud que define un estilo de vida y permite a las personas adaptarse mejor a las presiones del medio».[11]

Es capaz de redireccionar el rumbo cuando se pierde o se detiene por algún motivo. Este pensamiento flexible de los comunicadores inteligentes parece como si mantuviera un GPS [localizador global satelital] que le indica cuándo debe recalcular en caso de equivocarse. Retoma el rumbo y regresa a la autopista, sin problemas. Y si existen situaciones difíciles en el camino, cuenta con la capacidad de enfrentarlas y resolverlas sin desesperarse ni angustiarse. Toma las medidas necesarias y, por lo general, son rápidas y sabias.

Según Miguel E. Zaldívar Carrillo, Yamilka Sosa Oliva y José López Tuero, de la Universidad de Ciencias Pedagógicas «José de la Luz y Caballero», de Holguín, Cuba: «El desarrollo de la flexibilidad y la fluidez del pensamiento no ha sido objeto de estudio prioritario y sistemático en el campo de las didácticas particulares, mientras que, en la literatura psicológica, si han sido significados como importantes indicadores del desarrollo de la creatividad».[12]

Inhibidor no. 7: la falta de autoestima

Solo si me siento valioso por ser como soy, puedo aceptarme, puedo ser auténtico, puedo ser verdadero.

—JORGE BUCAY[13]

Por una baja autoestima, la gente de potencial puede perder todas sus oportunidades de éxito. No se puede pensar en desarrollar una comunicación inteligente sin antes solucionar los problemas de una falta de seguridad.

Son personas con emociones y sentimientos negativos, que por lo general se encuentran reprimidos. Por esa razón no se pueden comunicar con libertad con la gente a su alrededor. Sus problemas de carácter los llevan a adquirir males físicos como gastritis, úlcera, dolores lumbares, dolor en la columna, hasta cáncer.

Requieren de una sana dosis de comprensión. Pero en especial de escucha. Su inestabilidad nerviosa por la falta de seguridad los convierte en seres ansiosos y un poco angustiados. Por lo general se tornan indecisos, lo cual les acarrea afecciones nerviosas, del estómago y la piel.

Con razón el destacado psicoanalista, psicólogo social y filósofo humanista Erich Fromm dijo: «La principal tarea del hombre en la vida es darse nacimiento a sí mismo, llegar a ser lo que potencialmente es. El producto más importante de este esfuerzo es su propia personalidad».[14]

La autoestima se relaciona de manera directa con conceptos clave como autoimagen o autoconcepto. Pero sobretodo con los sentimientos que la persona guarda acerca de sí misma. Porque implica que las personas se sientan seguras, valiosas y efectivas en su lugar de trabajo o en cualquier sitio donde se desenvuelvan. Ya sea como profesionales, como miembros de familia o como amigos.

El negativismo problemático

La baja autoestima es un detonante de sentimientos y antivalores tan dañinos como el negativismo, que afecta no solo a la persona sino también a todo el ambiente a su alrededor. Su entorno se afecta a causa de esas raíces de amargura que le estorban y contaminan todo a su alrededor.

Pablo alertó a los hebreos en su carta acerca de esas raíces de amargura. «Asegúrense de que nadie deje de alcanzar la gracia de Dios; de que ninguna raíz amarga brote y cause dificultades y corrompa a muchos» (Hebreos 12.15). Tenía claro que este tormento interior podría, además de alejarlos de Dios, causarles muchos problemas y dañar a muchas personas en su entorno.

La cadena es dramática. La baja autoestima causa amargura. Esta conlleva al negativismo. Y este último puede causar problemas permanentes, difíciles de afrontar en el clima y la comunicación.

Desastres que las personas negativas generan:

- Comunicación cerrada, problemas para relacionarse, dificultad para crear amistades verdaderas, estables y profundas.
- Actitud confusa en vez de soluciones.
- Buscan problemas y son conflictivos.
- Adoptan postura pesimista, negativa, quejumbrosa y murmuradora.
- Por no aceptarse a sí mismas guardan sentimientos como: envidia, celos, competencia no sana y hasta destrucción de las iniciativas del otro.
- Guardan siempre desconfianza, hostilidad y falta de fe en sí mismos y en los compañeros.

Las soluciones ante el negativismo:

- **Amarse.** Aceptarse a sí mismo y también las críticas de los demás. Esto es sabiduría y sentido común.
- **Reírse.** La risa es un remedio infalible. El buen humor mantiene la buena salud y produce longevidad.
- **Alegrarse.** Esta es una postura contagiosa y saludable. Por eso se dice que «El buen humor nos salva de las manos del doctor». El proverbio de Salomón asegura que «Gran remedio es el corazón alegre, pero el ánimo decaído seca los huesos» (Proverbios 17.22).
- **Ser optimista.** El optimismo genera un pensamiento positivo. Que sabe mirar el vaso medio lleno y no medio vacío. Le apuesta a la esperanza y no a la desesperanza, la desilusión o el desasosiego, porque sabe que producen desánimo en la persona, en el equipo o en la familia.

William James, el padre de la psicología moderna, dijo que las acciones y las palabras crean y refuerzan sus correspondientes estados anímicos. De lo cual deducimos que la mejor manera para modificar nuestra psicología es actuar como quisiéramos ser y aprovechar la fuerza benéfica de las palabras positivas.

Test: valores de la gente de potencial ¡Power people!

Revise la siguiente lista de valores, en base a su conocimiento personal responda SÍ o NO por cada valor, identificando cuáles forman parte de su vida y cuáles le faltan para convertirse en una persona ¡Power people! Al final revise las recomendaciones según las respuestas.

VALORES DE LA MARCA ¡POWER PEOPLE!		SÍ	NO
1. Calidez:	Sonríe con libertad y amabilidad.		
2. Sencillez	No busca ser más ni menos que nadie.		
3. Tolerancia:	Ama al otro como es y no intenta cambiarlo.		
4. Contentamiento:	Siempre guarda pensamientos positivos, aun para quienes le caen mal.		
5. Plenitud:	Se siente pleno con las cosas óptimas, no demanda ni exige perfección en forma obstinada.		
6. Aceptación:	No vive para criticar y juzgar al otro o a la entidad. Prefiere competir consigo mismo que dañar a los demás.		
7. Reconocimiento:	Es capaz de expresarle al otro su admiración por lo que es y por lo que hace bien.		
8. Prudencia:	Prefiere callar que hablar mal de los otros. Tampoco habla mal de sí mismo.		
9. Gratitud:	Le gusta ser agradecido con la admiración que le expresan los demás.		
10. Honra:	Puede darles honra a las personas que lo merecen. Le da el valor que les corresponde.		
11. Inteligencia relacional:	Se relaciona con personas que le brindan positivismo y no son tóxicas.		
12. Solidaridad:	Le preocupa con sinceridad el bienestar y éxito de los otros miembros de su equipo.		
13. Confianza:	Sabe que cuenta con talentos y fortalezas suficientes y confía en sí mismo.		
14. Sensatez:	Es consciente de sus debilidades y capaz de aprender y pedir ayuda para trabajarlas.		
15. Obediencia:	Puede obedecer los lineamientos de la entidad sin complejos ni rebeldías.		
16. Autoimagen sana:	Piensa y habla de sí mismo. Se premia. Se da descansos merecidos.		

VALORES DE LA MARCA ¡POWER PEOPLE!		SÍ	NO
17. Entusiasmo:	Realiza todo con entusiasmo y buen humor.		
18. Pasión:	Pagaría por desarrollar su oficio y su labor.		
19. Optimismo:	Por los buenos resultados que obtendrá siempre.		
20. Visión:	Cuenta con un propósito y metas definidas a 1, 2, 3, 5… 10 años.		
21. Proyecto de vida:	Cuenta con un gran sueño y trabaja para cumplirlo.		
22. Manejo del tiempo:	Sabe administrar y aprovechar bien su tiempo.		
23. Respeto:	Sabe tratar a las personas como seres valiosos que merecen valoración.		
24. Empatía:	Desarrolla la habilidad de escuchar de manera dinámica y se coloca en el lugar del otro para entenderlo y comprender sus necesidades.		
25. Humildad:	Sabe admitir las virtudes del otro. Asume sus errores, pide perdón por ellos y los reconoce sin problemas. Sabe perder con dignidad.		
26. Equilibrio:	Cuida un balance saludable entre su espíritu, alma —emociones, voluntad, intelecto— y cuerpo.		
27. Honestidad:	Le gusta la transparencia, integridad y rectitud. Mantiene un alto nivel de ética y moralidad.		
28. Asertividad:	Busca el momento oportuno para decir las cosas y las dice con el tono adecuado. Ni agresividad, ni pasividad. Sabe decir Sí o No.		
29. Tranquilidad:	Sabe manejar el pánico. Mantiene la calma bajo cualquier situación de intensa presión.		
30. Solución de conflictos:	Sabe decantar para responder. Busca las soluciones y la reconciliación. Perdona y repara el daño.		
31. Excelencia:	Le apunta siempre a lo mejor. No le gusta la mediocridad.		
32. Amor:	Sabe dar afecto y ama a las personas de verdad. Trata a la gente como le gustaría que le trataran.		
33. Innovación:	Sabe competir con iniciativas que generan cambio y transformación. Con originalidad y autenticidad. Mira siempre hacia lo nuevo.		
34. Felicidad:	Vive en busca de la felicidad, sabe encontrarla para cada día. No se afana por el mañana, porque tiene su propio afán. Con frecuencia dice que se siente feliz.		
35. Autonomía:	Sabe vivir sin apegos emocionales, ni dependencias afectivas enfermizas.		
36. Espiritualidad:	Busca mantener una vida de principios y valores.		
SUMA TOTAL DE RESPUESTAS			

Recomendaciones:

- Si sus respuestas afirmativas son inferiores a 10: trabaje en su comunicación inteligente.

  Debe desarrollar su autoimagen. Es hora de alegrarse, reírse y amarse más. Aceptar que no somos perfectos y que podemos equivocarnos, le ayudará a enfrentar el reto de valorarse y valorar a los otros. Seguro que con entusiasmo logrará aumentar el nivel de los ¡Power people! que le rodean. ¡Adelante!

· Si sus respuestas afirmativas son entre 11 y 25: ¡avance por más!

Está en el proceso de conocerse, usted descubre en un momento su capacidad de ser feliz pero de repente lo olvida y vuelve a los pensamientos negativos. Avance, no se rinda por las circunstancias, vénzalas, domínelas, descubrirá que puede ser parte de la gente de potencial.

· Si sus respuestas afirmativas son más de 25: es pare de la gente de potecial.

Probablemente no le sorprenda el resultado, su autoconfianza ni el trabajo que ha hecho por conocerse, lo que le permite descubrir todos los valores que posee. Reconoce la importancia de la felicidad en su vida y la comparte con otros. Tiene la marca ¡Power people!

El retorno a la alegría

La alegría y el amor son las alas para las grandes empresas.

—J. W. GOETHE[15]

Alegría es una palabra proveniente del latín «alecris», que quiere decir: «vivo», «animado».

Por eso una de las marcas más evidentes de una persona con el sello ¡Power people! es la alegría, a prueba de todo. Es sentirse vivo y animado ante las personas y ante la vida. Se describe, por lo general, como la expresión externa de ese sentimiento agradable que producen los motivos placenteros.

También como una emoción básica. Un estado interior chispeante y vibrante que causa bienestar. Por lo general, eleva la motivación para nuevas acciones y se manifiesta, tanto a través de la expresión corporal y oral, como en la toma de decisiones y acciones. La alegría es el motor de la acción positiva.

La gente de potencial se concibe como gente que mantiene un alto voltaje de alegría, siempre conectado con los demás, desde la «chispa» de la vida. Imprimen un entusiasmo muy positivo a todo lo que dicen y hacen. La gente los sigue por su capacidad de influenciar con lo positivo. La alegría se convierte en una fortaleza infranqueable, a la que enemigos como la depresión, la amargura, la frustración... no pueden derribar.

La alegría como fortaleza

Me impacta la historia de Nehemías. El relato bíblico dice que le servía al rey, y estaba muy cómodo en su cargo, pero un día decidió pedirle que lo dejara ir a ayudar a su pueblo Israel, porque se encontraba en problemas y destruido. Al llegar, encontró un desastre. Pero tomó la decisión de reconstruir los muros de la ciudad.

Así que comenzó a cabalgar sobre los escombros y se dio cuenta de que tenía una tremenda tarea por delante. Por eso la inició sin descanso. Trabajaba con un gran equipo de líderes, dispuestos a dar la batalla por la reconstrucción. El relato dice que «con una mano en el arado y la otra en la espada». Sin tregua. Era un ejército de gente de potencial, dispuesta a todo... ¡Power people!

A pesar de que su propósito era restaurar el muro de la ciudad, no faltaron los enemigos políticos y religiosos que se opusieron y comenzaron a generarle toda clase de conflictos para bloquear la tarea. Cualquier parecido con algunas personas en entidades, es pura coincidencia. Siempre querían entorpecer la tarea del otro.

Para lograrlo, se valieron de toda clase de estrategias y artimañas. Entre ellas, el desánimo, la burla, la descalificación, el miedo... Hicieron todo lo posible para desacreditarlo y robarle las fuerzas, de modo que desistiera de su tarea. Pero Nehemías siguió adelante y no se dejó robar la fuerza, ni el tiempo, ni lo más importante: la alegría.

Sabía muy bien que si lograban robar su alegría, perdería la batalla contra sus enemigos. En uno de los pasajes del relato le responde a su gente de potencial con esta impecable forma de ánimo que es una de las máximas de la inteligencia emocional: «Coman bien, tomen bebidas dulces y compartan su comida con quienes no tengan nada... **No estén tristes, pues el gozo del Señor es nuestra fortaleza»** (Nehemías 8.10, énfasis agregado).

Nehemías estaba claro. Para ganar la batalla y continuar enfrentando a los enemigos envidiosos, criticones, chismosos, tóxicos, engreídos, truhanes, bribones, manipuladores, bellacos, rufianes, malintencionados... era necesario sostener firme una fortaleza que nadie podría vencer: ¡la alegría!

Para poder sostenerse ante la adversidad, el cansancio, la depresión, el agotamiento, la debilidad, el estrés, la fatiga, el desespero, la angustia... era necesario resguardarse en el baluarte emocional y espiritual más seguro que podrían construir, uno aun más fuerte que el muro físico que protegía la ciudad: ¡la alegría!

Lo más fabuloso de la historia es que todo terminó en una gran celebración. El relato dice que «hicieron una gran fiesta». Qué buena manera de enfrentar las dificultades y los conflictos.

Nada más seguro para alcanzar resultados y sobrepasar las expectativas que establecer la alegría como una de las estrategias para su proyecto de vida. Si pierde el gozo, pierde la fuerza. Porque cuando las personas se deprimen, se debilitan, se sienten incapaces, sin ánimos para continuar.

Busque todas aquellas cosas, actividades, personas... que le producen alegría. Manténganse distante de la gente tóxica que se la quiere robar y, por encima de todo, conserve clara la conciencia de que la alegría es la mejor forma de enfrentar a sus peores enemigos: el temor, la desilusión, el fracaso, la derrota... Todos quedarán humillados debajo de sus pies. Nada más aplastante que la alegría. Los dejará debilitados y sin fuerza, para que usted celebre victorioso.

Sin bolso, pero con gozo

En la pasada Feria Internacional del Libro, FILBO 2013, en Bogotá, mientras celebraba el triunfo de mi reciente publicación *El efecto*, viví una dura experiencia. Quiero compartirla aquí para añadir una ilustración de valor a este tema de la gente de potencial, a partir de la alegría.

Cuando estaba firmando libros, le entregué mi bolso a mi jefe de prensa, Mónica Montoya, por asuntos de seguridad. Ella lo guardó muy bien detrás de la plataforma del estante donde nos encontrábamos. En un momento dado, necesité mi bolígrafo para firmar los libros a las personas.

Entonces le pedí a Mónica que me ayudara a sacar el bolígrafo de aquel lugar de seguridad donde guardamos los bolsos y chaquetas para el frío. Pero... ¡mi bolso no estaba allí! ¡Se lo habían robado! ¿Se imagina el momento? ¡Qué horrible sensación de vacío! ¡Qué malestar tan tenaz! Nada más feo que sentirse robado.

Bueno, pero yo me encontraba frente a todas esas personas que habían ido a ver a la autora de *El efecto*, la cual debía demostrarles, en vivo y en directo que, aquello escrito en el libro acerca de los tipos de efectos como el afecto y la calidez, era cierto, y no tan solo unas letras impresas.

De repente, comencé a repetir una frase: «Me pudieron robar el bolso, pero no el gozo». Asombrados con mi reacción tranquila y llena de buen humor ante el atroz impase del robo, tuve que llamar de inmediato para colocar una denuncia ante la policía en cuanto a la pérdida de mis tarjetas bancarias, mi cédula de ciudadanía, mis documentos de identificación... todo. Además del dinero en efectivo que llevaba conmigo.

En el momento de la pérdida, mi primera reacción fue enfurecerme con los ladrones, con la gente de seguridad de la Feria del Libro, con los que estaban ahí... Pero, en un instante de lucidez e iluminación, entendí que nada ni nadie me podía robar el gozo interior, porque si lo lograban, me debilitaría y perdería todo el triunfo logrado con la publicación.

Así que tomé la firme determinación de continuar alegre, lo cual se me convirtió en una fuerza interior impresionante. Entonces entendí, una vez más, que la alegría no es una emoción que depende de las circunstancias, sino de una firme decisión. Pero, por encima de todo, recordé ese pasaje maravilloso de la historia de Nehemías. Se convirtió en el escudo protector de mi estado de ánimo en ese momento: «**No estén tristes, el gozo es nuestra fortaleza**».

El don más preciado

Sin duda, la alegría es un don, un regalo de Dios, un tesoro valioso que no podemos dejar perder. Más valioso que todo lo que usted pueda llevar en su cartera.

Por eso me encanta cuando me dicen en las empresas y universidades que la virtud más apreciada que ven en mí es que estoy siempre alegre, llena de vida y felicidad. Desde niña me caractericé por ser alegre. Parece que ese don de la alegría es parte de mi diseño interior. Me río a plenitud, disfruto los momentos más sencillos, aprecio a las personas y las disfruto.

Es por eso que, aun en los más duros momentos, cuento con una fortaleza que sorprende a las personas. Aun a mí misma. Porque aunque atraviese por el más sombrío valle de problemas o dificultades personales, siempre está ahí, brillante, como una bandera con la que puedo enfrentar los más duros problemas, con una inscripción en letras de oro: «Alegría». Mi mejor aliada y amiga. Mi don favorito.

Albert Einstein dijo: «La alegría de ver y entender es el más perfecto don de la naturaleza».[16]

Este don de la alegría no solo sirve como fortaleza para guardar y proteger las emociones. También se trata de una capacidad personal que le permitirá convertirse en una persona lista para alcanzar los más altos índices de rentabilidad.

Quienes cuentan con la marca ¡Power people! son personas llenas de una alegría permanente, que las lleva a abrir enormes puertas. Su fortaleza se convierte en una llave maestra para entrar en lugares de influencia que otros no logran alcanzar con facilidad.

Además, les permite conseguir relaciones y conexiones de oro, para estar en permanente contacto con personas influyentes y convertir esas relaciones y puentes humanos en grandes oportunidades.

Por algo Benjamín Franklin comparó la alegría con «la piedra filosofal que todo lo convierte en oro».[17]

La alegría es en verdad un don providencial que logra los espacios más inalcanzables. Es contagiosa, libera, reconcilia, calma, supera los miedos y las dificultades.

La risa, un tema serio

Una de las más bellas y brillantes expresiones de la alegría es la risa. Por siglos el ser humano ha intentado explicar la razón de ser de esta manifestación maravillosa, que se cataloga como un «remedio infalible».

Nada más positivo que el efecto de la risa. No solo para el que se ríe, sino para quienes se encuentran a su alrededor y son contagiados por esa descarga de positivismo desbordado que anuncia la risa. Máxime si se trata de una sonora, estruendosa y deliciosa carcajada.

La investigación científica ha demostrado que la risa puede convertirse en una terapia emocional, suficiente aun para calmar males y enfermedades de manera asombrosa. La llamada «risoterapia», que ha sorprendido al mundo entero, logra mejorar los estados de ánimo y transformarlos.

Las investigaciones científicas acerca de la risa muestran que a nivel cerebral se generan importantes cambios cuando reímos. La corteza frontal del hemisferio derecho registra actividad. Son estudios que asombran, pero que aún no han descifrado a nivel fisiológico por qué unas personas pueden reír más que otras.

La revista *Muy interesante* ha publicado artículos sobre la risa que han generado mucho impacto entre sus lectores.[18] Incluso se han manejado métodos de resonancia magnética para mostrar imágenes de los cambios de oxigenación de la sangre que indican una reacción en la mente cuando aparece una expresión de buen humor y risas en la persona.

De todas maneras, aún falta mucho por recorrer en el ámbito científico para descubrir por qué unas personas se ríen más que otras. Creo que es justo en ese momento, en el que se limita la ciencia, que entra en escena el tema de los perfiles de temperamentos planteados por Hipócrates, el padre de la medicina. Porque el asunto de la risa, también tiene mucho que ver con la tipología personal.

Es evidente que son los sanguíneos cálidos y vibrantes los que más ríen. Y no solo los que más ríen sino los que más ruido hacen cuando se ríen. Sus explosiones de ánimo son súperextrovertidas y se caracterizan por reír con libertad; siempre llaman la atención a su alrededor con su risa entusiasta.

También pueden tener explosiones de risa los melancólicos de ánimo cambiante, cuando están contentos. Los coléricos directos ríen cuando saben que el producto de ese buen humor les dará resultados útiles. Los flemáticos amigables y sociales ríen también, pero de una forma más tranquila, mesurada y calmada. Más bien sonríen. Si ríen a carcajadas, no son estruendosas, sino silenciosas y pacíficas.

Insisto, la risa es un tema serio dentro de este estudio permanente de la inteligencia comunicacional. No es tan fácil de descifrar. Mantiene unos niveles de complejidad y profundidad fascinantes para los investigadores, filósofos, psicólogos y científicos, tanto que los ha hecho buscar las formas más detalladas de estudiarla. Pero aun parece que la misma risa, guarda una secreta sonrisa frente al misterio que ella produce. Ella es —por lo menos para mí— la mejor compañera y cómplice, para defendernos de los malos momentos y de las malas personas.

En países como Francia han llegado a importantes conclusiones con el estudio de la risa. Encontraron en una investigación reciente que más del veinticinco por ciento de la población francesa se ríe dos o tres veces al día y que puede ser a carcajadas.

El estudio arrojó resultados muy interesantes. Dice, por ejemplo, que el treinta por ciento de los que se ríen a carcajadas son mujeres. El porcentaje de hombres es del veintidós por ciento. Y aseguran que la población femenina se ríe más porque ha desarrollado la capacidad de enfrentar los embates de la vida. La risa se les ha convertido en un mecanismo de defensa. En una verdadera fortaleza.

La risa, una marca eficaz

La raza humana tiene un arma verdaderamente eficaz: la risa.
—MARK TWAIN (1835–1910)[19]

Un estudio de la Universidad de Oxford demuestra que aquellas personas que se ríen más cuentan con una mayor capacidad de soportar el dolor y el sufrimiento que este produce. Para lograrlo, es necesario reírse a carcajada abierta y latiente. No sirve como remedio una sonrisa leve y pálida. Porque cuando la persona logra risotadas, el organismo genera endorfinas que causan euforia y alivian el dolor.

Esto demuestra que el viejo adagio de «la risa, remedio infalible» es, más que un refrán, una verdad también infalible. Los científicos demostraron los beneficios de la risa. Entre todas las propiedades que encontraron, descubrieron que es un importante analgésico porque, al liberar endorfinas, alivia los dolores y afecciones. Además, las personas se vuelven más susceptibles a construir lazos afectivos y nuevas relaciones.

Los científicos quieren llegar más allá con la investigación. Esperan comprobar que la risa ha jugado un papel importante en el desarrollo de culturas milenarias.

La gente de potencial conoce los beneficios de reír.[20] Son innumerables las ventajas encontradas por los investigadores de Inglaterra y del mundo acerca del arte de reír a carcajadas. La gente de potencial, con la marca ¡Power people! los conoce bien y los practica. La capacidad de reír, en medio de cualquier circunstancia, o estado de ánimo, muestra de qué está hecha una persona.

La risa de un ¡Power people! es uno de los indicadores de su manejo de las situaciones, de la capacidad de relacionarse con los demás y de autorregularse, como persona con inteligencia comunicacional.

Entre los beneficios emocionales y físicos que le puede proporcionar la risa a la gente de potencial están:

Efectos de la risa a nivel emocional

- Disminuye el estrés y elimina la depresión.
- Incrementa la autoestima.
- Combate miedos y fobias.
- Reduce la timidez.
- Facilita la comunicación entre las personas.
- Expresa emociones y favorece la existencia de lazos afectivos.
- Alivia el sufrimiento.

- Descarga tensiones.
- Potencia la creatividad e imaginación.

Efectos de la risa a nivel físico

- Disminuye el insomnio.
- Previene infartos.
- Fortalece los pulmones y el corazón, por los espasmos que produce en el diafragma.
- Rejuvenece la piel. Por su efecto tonificante, evita las arrugas.
- Analgésico. Al liberarse endorfinas.
- Despeja el sistema respiratorio y auditivo.
- Regula los niveles de la presión arterial.
- Refuerza el sistema inmunológico.
- Regula el proceso de la digestión, porque mueve los músculos abdominales.
- Expande los pulmones y mejora la respiración.

CAPÍTULO 4

El poder... ¿para qué?

La intencionalidad de la comunicación

Desde la creación del hombre, hasta hoy, el ser humano siempre ha buscado el poder. Poder para controlar. Poder para triunfar. Poder para conseguir más. Poder para poder...

Esaú le vendió a su hermano Jacob su primogenitura por un plato de lentejas, porque este anhelaba el poder. Pero luego Esaú lo odió, porque se dio cuenta del poder que había perdido por su necedad. A lo largo y ancho de la historia, hay miles de historias de muertes, guerras, asesinatos, amor y desamor, conquistas, leyendas... todas marcadas por un solo eje transversal: la ambición del poder.

Para lograr ese poder, los líderes han recurrido a diferentes formas de influencia y dominación posibles. Poder político. Poder militar. Poder de los medios. Poder financiero...

Un político y estadista colombiano, Darío Echandía, muy reconocido en la historia del país como hombre de influencia, dijo una frase que ha permanecido a lo largo de la historia de la nación como un referente del valor del poder. Más que una frase, lo que Echandía soltó al aire fue una pregunta poderosa, que nos ha cuestionado por años: «El poder... ¿para qué?». Me la he formulado por años, en relación con uno de los poderes más fuertes que existen en el mundo entero: el poder de la comunicación.

Los medios de comunicación y la prensa constituyen el llamado «Cuarto poder». Es impresionante la capacidad de influencia que pueden alcanzar en la opinión pública de un país, y mucho más ahora, con la capacidad que les da la globalización a través de la Internet y las redes sociales. Es el poder inmediato. El poder virtual.

El poder de la comunicación inteligente

En la actualidad, aun las campañas presidenciales del mundo entero se ganan o se pierden por el buen o mal uso que el candidato les dé al poder de los medios de comunicación masiva y a las redes sociales online.

Pero, sobre todo, por la capacidad que demuestre como comunicador. Ha llegado a tal punto la competencia de las habilidades comunicacionales de los gobernantes que existe toda una rama dedicada a impulsar y posicionar a los candidatos con el llamado «Marketing político».

Entre los aspectos más concluyentes que marcan esta disciplina, está el de preparar a los candidatos para que se expresen y hablen de manera inteligente. Con coherencia, ilación, fluidez... y con la capacidad suficiente para convencer a los electores.

Es claro que el presidente Barack Obama ganó las elecciones de Estados Unidos de América, por su capacidad para llegar a la gente. Sin importar su color político, o su color de piel, el color de la comunicación en el método Obama ha impactado al mundo. Por su elocuencia serena, amable y, a la vez directa, pragmática. Por el timbre de voz pausado, con un agradable tono impostado. Pero sobre todo, por la sonrisa amplia que acompaña sus mejores discursos acerca de temas neurálgicos como «la esperanza».

Dicen los analíticos que cincuenta por ciento del triunfo de Obama se lo debe a su esposa Michelle. Una mujer con un altísimo poder de comunicación inteligente. Ella es imponente en su porte, capaz de bailar con los niños para conseguir fondos con fines sociales, de bailar con elegancia y gracia en medio de un evento en la Casa Blanca, o de reír a plenitud por cualquier broma de su marido como gobernante de la nación más poderosa del mundo.

Michelle Obama es un ejemplo de lo que puede conseguir una mujer a través del poderoso encanto de la comunicación inteligente. Una mujer con una tremenda marca de comunicación inteligente: ¡Power people! presidencial, al mejor y más contundente estilo de una primera dama en la Casa Blanca.

El poder, hasta lo último de la tierra

Uno de los textos sobre el poder más impresionantes es el del momento en que Jesús, después de haber resucitado, se aparece a sus discípulos y amigos y les dice, antes de despedirse: «Cuando venga el Espíritu Santo sobre ustedes, recibirán **poder** y serán mis testigos tanto en Jerusalén como en toda Judea y Samaria, y hasta los confines de la tierra» (Hechos 1.8, énfasis agregado).

Hasta ese momento, los discípulos habían sido bastante temerosos y lo habían negado como su líder por temor a lo que dijeran de ellos o a que los persiguieran para matarlos. Pero es impresionante como, a partir de ese momento en que fueron sumergidos en el **poder** del Espíritu Santo, comenzaron a comportarse y a hablar con tal coraje y valentía que nadie podía refutar lo que decían.

El relato bíblico dice:

> Por medio de los apóstoles ocurrían muchas señales y prodigios entre el pueblo; y todos los creyentes se reunían de común acuerdo en el Pórtico de Salomón. Nadie entre el pueblo se atrevía a juntarse con ellos, aunque los elogiaban. Y seguía aumentando el número de los que creían y aceptaban al Señor. Era tal la multitud de hombres y mujeres, que hasta sacaban a los enfermos a las plazas y los ponían en colchonetas y camillas para que, al pasar Pedro, por lo menos su sombra cayera sobre alguno de ellos. También de los pueblos vecinos a Jerusalén acudían multitudes que llevaban personas enfermas y atormentadas por espíritus malignos, y todas eran sanadas. (Hechos 5.12–16)

No se trataba en este caso de un poder político, económico, militar o mediático. Era el **poder** de Dios que operaba en ellos por medio de su Espíritu Santo y que los llevaba a sanar a los individuos o a liberarlos de ataduras que los tenían esclavizados por años. Entonces comenzaron a hablar en diferentes lenguas; estaban tan embriagados del poder y de la gloria, que se pensó que estaban borrachos.

Esa dimensión del poder la conoció bien el apóstol Pablo. Estaba tan claro en cuanto al poder de la Palabra de Dios y de la fe, que en un momento llegó a decirles a los corintios en su primera carta: «si Dios quiere, iré a visitarlos muy pronto, y ya veremos no solo cómo hablan sino cuánto poder tienen esos presumidos. **Porque el reino de Dios no es cuestión de palabras sino de poder**» (1 Corintios 4.19–20, énfasis agregado).

Que capacidad para entender la profundidad del poder, más allá de las palabras. Aquí Pablo se refería al poder de sanar, transformar, cambiar vidas y nacer de nuevo, que él podía llevar de lugar en lugar, lleno del Espíritu de Dios, hasta los sitios más recónditos de la tierra.

Viajó a Roma, Grecia, Israel... confrontó líderes religiosos de alcurnia, políticos poderosos de influencia, mendigos, multitudes, jóvenes, mujeres, enfermos, prisioneros... Por dondequiera que iba, el despliegue de poder que mostraba era tal que la gente lo seguía. Se maravillaban al ver cómo el mismo que una vez persiguió a los cristianos para asesinarlos —y a cuyos pies cayó la ropa ensangrentada del mártir Esteban, de quien consintió su muerte—, ahora les hablaba con un insólito denuedo acerca de seguir a Jesucristo como el camino, la verdad y la vida.

Era tan evidente el poder de esos apóstoles para sanar y transformar, que un día Simón, uno de los magos de la región, quiso comprar el poder que ellos tenían, para también sanar a las personas.

Al ver Simón que mediante la imposición de las manos de los apóstoles se daba el Espíritu Santo, les ofreció dinero y les pidió:

—**Denme también a mí ese poder**, para que todos a quienes yo les imponga las manos reciban el Espíritu Santo.

—¡Que tu dinero perezca contigo —le contestó Pedro—, porque intentaste comprar el don de Dios con dinero! (Hechos 8.18–20, énfasis agregado)

Es así como Pedro y todos los apóstoles llegaron a valorar el poder de Dios que llevaban puesto como una marca de su caminar como discípulos de Jesucristo.

Hoy es factible que las personas puedan tener este poder, cuando haya venido sobre ellas el Espíritu Santo, y sean testigos del poder y el amor de Dios, hasta los confines de la tierra.

El poder perfecto: equilibrio entre la técnica y el don

La gente de potencial sabe que cuenta con un poder superior: el poder de la comunicación inteligente. Un poder que eleva el nivel de influencia, consigue resultados contundentes en la rentabilidad, genera permanente sentido de cambio y transformación.

Es una llave que abre puertas y permite entrar en escenarios a los que es imposible acceder si no se cuenta con ese «músculo» comunicacional, suficiente para escalar los empinados montes del liderazgo y el profesionalismo.

La comunicación es una competencia determinante para el desarrollo de un líder exitoso. Pero más allá de las habilidades y destrezas de la expresión oral y escrita, la comunicación es un poder que impulsa a los profesionales y los lleva a un empoderamiento sin el cual es imposible entrar a esos lugares a los que se ha soñado llegar.

La comunicación plena es aquella en la que se unen en perfecto equilibrio las técnicas de comunicación con sus dones de orador.

No basta con ser un predicador de buenas intenciones y un lindo mensaje. Tampoco con ser un erudito que sabe todo acerca de la academia y la retórica. Pablo contaba con ambas dimensiones: la de ser un extraordinario orador, bien entrenado por maestros de la retórica, con un lenguaje enriquecido y una postura bien plantada ante cualquier auditorio. Fueran griegos, romanos o judíos, a todos lograba persuadirlos con su nivel de inteligencia comunicacional.

A pesar de todo su potencial y sus competencias comunicacionales, entendía de una manera muy clara dónde se encontraba el verdadero poder. Entendió por revelación que sin la gracia de Dios todo ese poder no pasaría de ser más que palabras sin vida ni capacidad de transformación.

El poder de la comunicación inteligente perfecto se encuentra entonces en el equilibrio entre la fuerza de las habilidades y destrezas para expresarse, unido a los dones y a ese fuego que la impulsa a niveles incalculables de poder.

En mi caso personal, como conferencista y autora de una de las mejores editoriales del mundo —Thomas Nelson, ahora bajo la sombrilla de HarperCollins—, he comprobado cada vez más que hablar de las habilidades comunicacionales no basta. Tampoco contar con ellas como mentoring de comunicación empresarial y universitaria, en escenarios de diversos países.

Al hablar con ese poder, las personas reciben mucho más que técnicas e información. Me impresiona ver cómo en el auditorio la gente pasa de un nivel a otro por la transformación personal. Lo tengo claro.

No se trata de mí. Es la gracia de Dios la que logra esos altos niveles de empoderamiento y alto impacto.

¡Power people! extremo: gracia, conocimiento y poder

Contar con la presencia del comunicador más contundente de la historia: Jesús,[1] puede llevar a la persona a logros insospechados en sus mensajes hablados y escritos. Todo cambia. La perspectiva de hablar con un espíritu renovado y con las palabras acertadas, es muy distinta a la de una persona que no ha nacido de nuevo.

Una comunicación inteligente desde la óptica de los principios y valores, desde el fluir sobrenatural, cuenta con factores de éxito poderosos como amar de verdad a las personas a las que se dirige, hablar con gozo, contar con el respaldo amplio y suficiente de lo alto, hablar con un corazón transformado y con humildad...

En fin, son tantos los aspectos positivos y los beneficios de una comunicación inteligente basada en el poder de Dios activado en la persona, que podríamos escribir un libro completo sobre el tema. Es un tema fascinante.

Se puede ser un buen orador natural, y contar con millones de fans, lectores de libros, auditorio de conferencias, seguidores de Twitter y Facebook...

Pero el estado ideal de un comunicador con la marca gente de potencial, el equilibrio perfecto, se encuentra en contar con ambas competencias: la técnica y la gracia. Las habilidades comunicacionales y el poder. De esa manera las posibilidades de influenciar serán mayores y contarán con un impacto superior.

El complemento de la técnica y la gracia, es el sello completo ¡Power people!

Cuando Jesús hablaba,

> se admiraban y decían: «¿De dónde sacó éste tantos conocimientos sin haber estudiado?»
>
> —Mi enseñanza no es mía —replicó Jesús— sino del que me envió. [...] El que habla por cuenta propia busca su vanagloria; en cambio, el que busca glorificar al que lo envió es una persona íntegra y sin doblez. (Juan 7.15–16, 18)

Jesucristo fue un comunicador contundente, como lo relato en mi libro *El efecto*. Sabía que, además de su gracia, de todo el conocimiento con que contaba acerca del mensaje, de la correcta actitud de humildad, de todas las habilidades con que contaba para ser un perfecto «factor x», necesitaba una instancia mayor: el poder. Solo así podría lograr persuadir y convencer a las multitudes.

Por eso cuando regresó a Galilea en ese poder,

> se extendió su fama por toda aquella región. Enseñaba en las sinagogas, y todos lo admiraban. [...]
>
> Se levantó para hacer la lectura [...]: «El Espíritu del Señor está sobre mí, por cuanto me ha ungido para anunciar buenas nuevas a los pobres. Me ha enviado a proclamar libertad a los cautivos y dar vista a los ciegos, a poner en libertad a los oprimidos, a pregonar el año del favor del Señor». [...] Todos lo miraban detenidamente (Lucas 4.14–16, 18–20)

El comunicador más contundente de la historia contaba con esa unción necesaria para mostrar autoridad y poder. No solo palabras. No solo conocimiento. No solo habilidades. El poder de la comunicación era su marca mayor. Su ¡Power people! extremo.

A sus discípulos les dijo: «Les aseguro que el que cree en mí las obras que yo hago también él las hará, y aun las hará mayores» (Juan 14.12).

¡Power people! a la estatura del comunicador más contundente de la historia.

CAPÍTULO 5

Casos de éxito

Siete conferencistas con comunicación inteligente

En este capítulo analizaremos los diferentes tipos de comunicación inteligente a través de los perfiles de siete oradores influyentes del mundo moderno en Latinoamérica, Europa y Estados Unidos. Son reconocidos conferencistas, autores, periodistas y amigos.

Muy distintos en su forma de comunicarse, pero todos con mucho poder comunicacional. Su éxito está marcado por ser, desde el comienzo, gente de potencial con la marca ¡Power people! de la comunicación inteligente.

Con diferentes oficios, tendencias, cargos y niveles de fama. Pero todos con una constante de alto impacto ante el público y los lectores que los siguen como sus «fans» o sus «discípulos». Hoy los reunimos aquí, no solo para analizar su estilo comunicacional, sino también para rendirles un cálido y amigable homenaje por las horas, días, meses y años que le han dedicado al oficio de ser buenos comunicadores.

Les dedicamos a ellos este capítulo. Siete ejemplares del ¡Power people! de alta estirpe y calidad, que han influenciado a millares de personas en el mundo entero y se cuentan entre los más vistos y escuchados. Con el mayor número de seguidores y lectores en blogs y redes sociales como Twitter y Facebook. Algunos en las listas de los *best sellers* del *New York Times.*

Algunos de estos son personajes que han sido importantes influencias en mi vida profesional como comunicadora, así como también en mi crecimiento personal.

Lo dejo a usted, mi querido amigo lector, con el diagnóstico de estos siete comunicadores de oro: John Maxwell, Barack Obama, Paulo Coelho, Bernardo Stamateas, Ismael Cala, Bárbara Palacios y Max Lucado.

Aclaro que el orden de la lista no tiene nada que ver con mi perspectiva sobre su nivel de importancia. Se trata simplemente de una muestra de personajes escogidos al azar por el impacto que causan en las personas y por lo que han logrado como comunicadores de lo hablado y lo escrito. Existen muchos más, que son grandes figuras y buenos amigos, pero no nos cabrían en este libro.

Este grupo de siete es un referente importante que seguro le servirá también a usted para convertirse en el comunicador que quiere llegar a ser, como ellos, un ¡Power people! de talla mundial.

1. John Maxwell, inteligencia comunicacional pragmática

Diagnóstico

Uno de los autores y conferencistas que más ha influido en mi profesión como líder y comunicadora ha sido John C. Maxwell, el gurú mundial del tema de liderazgo. Por sus leyes irrefutables de liderazgo, trabajo en equipo, éxito, crecimiento... Por todos sus libros, que me han marcado de una manera muy especial en mi caminar como consultora empresarial.

Maxwell es uno de esos comunicadores que no solo impactan al leerlo, sino que al escucharlo produce un efecto mezclado entre la admiración y la motivación. Impacta por su capacidad para llegar a las personas con un potencial y una claridad práctica única. Su habilidad de comunicador de alto impacto es impresionante.

Además de una imagen muy agradable, cuenta con una voz de locutor de radio de la BBC o de artista de cine. A medida que pasan los años, su potencial de orador mejora y se madura, como los buenos vinos.

Maxwell cuenta con una inteligencia comunicacional direccionada hacia lo pragmático. Sus libros hablan de leyes de liderazgo. Le permiten a uno direccionar de manera clara, oportuna, recta y con resultados, como todo lo que realiza un buen líder en una empresa, organización, universidad o familia.

Su estilo de comunicador se enriquece con su capacidad de hablar y enseñar como el líder espiritual que es en su país, Estados Unidos, y en todos los países de Latinoamérica o Europa a donde es invitado como conferencista y orador de primer nivel.

Muchos autores hablan y escriben hoy en día de liderazgo, pero sin duda John C. Maxwell es quien ha marcado la pauta. Hasta convertirse en el gurú del liderazgo más influyente, según Leadership Gurus International. Ocupó el primer lugar en una lista de treinta líderes empresariales, profesionales y académicos destacados a nivel mundial.

Todo es práctico en él. Parece como si cada párrafo fuera una herramienta para aplicar día a día. No se excede. Nada sobra. Lleva al lector de una manera congruente y magistral hacia lo mejor del liderazgo. Como si se tratara de una cartilla para la vida o de un manual para la convivencia en la empresa.

Sus leyes sobre liderazgo se pueden aplicar en las compañías pero sobre todo, y lo más importante, sirven para la vida. Para la aplicación en la familia, con la pareja, con los hijos o en la iglesia. Porque la inteligencia comunicacional de Maxwell es eminentemente práctica y aplicable. Cada cosa que dice sirve para algo.

Impacta leerlo, pero mucho más cuando se trata de escucharlo en un auditorio o en un video. Es asombroso el efecto que causa en las personas que le escuchan. Los mantiene absortos, atentos, como expectantes, con cada cosa que dice.

Pero sobre todo, Maxwell logra transformar a las personas y a las empresas con sus leyes, que han servido a millones de personas en todo el mundo como guía para un liderazgo asertivo, situacional, de 360°. Sus planteamientos apuntan a un liderazgo de oro, en el que no cabe lo mediocre.

Perfil

John C. Maxwell[1] nació en 1947 en la ciudad de Garden City, Michigan. Es reconocido en el ámbito corporativo, empresarial y universitario por sus extensos y aplicables conocimientos en el tema de liderazgo. Luego de muchos años como el número uno en ese campo, fundó «INJOY», una entidad conformada por un grupo que surgió con el propósito de capacitar a las personas para elevar al máximo su potencial personal y de liderazgo.

Está entre los diez expertos en liderazgo más famosos de Estados Unidos. Viaja por todo el mundo con sus conferencias sobre el tema, al lado de grandes como Mikhail Gorbachov, Ken Blanchard, Rudolph Giulliani, Peter Drucker y otros.

Ha sido pastor de grandes iglesias cristianas en Estados Unidos, en la congregación wesleyana. Desde que decidió formar su organización en pro del desarrollo personal y profesional, INJOY se ha destacado como asesora de *Fortune 500*.

Su influencia se extiende a través de todo el mundo, con programas de capacitación a los que asisten importantes líderes mundiales.

Maxwell es un conferencista de alto impacto y tiene influencia en la vida de más de un millón de individuos. A través de sus seminarios, libros, videos y audiolibros logra alcanzar personas en todos los países donde le invitan.

Ha escrito más de treinta libros y tiene más de siete millones de copias vendidas. Algunos de ellos son: *Las 21 leyes irrefutables del liderazgo, El lado positivo del fracaso, Desarrolle el líder que está en usted, Los 21 minutos más poderosos en el día de un líder, Seamos personas de influencia* y *Desarrolle los líderes alrededor de usted.*

Frases célebres

- Para ayudar a las personas a creer que pueden alcanzar el triunfo, póngalas a experimentar pequeños éxitos.[2]

- Todos los caminos al éxito pasan por la tierra del fracaso. Y esta se encuentra entre cada ser humano que tuvo un sueño y la realización de ese sueño.[3]
- Es imposible modificar las situaciones de nuestra vida, pero es posible modificar nuestras actitudes a las situaciones.[4]
- Convertirse en un líder de crecimiento requiere más que un cambio en el modo de trabajar. Exige un cambio en el modo de pensar.[5]
- Los líderes que no están dispuestos a aprender nunca ganan. Pero los líderes abiertos al cambio se ponen en una posición que les permite ganar sus batallas.[6]
- El temor es la advertencia natural de que debemos mantenernos ocupados. Lo vencemos al actuar con éxito.[7]
- Dar es el más elevado nivel de vida.[8]

2. Barack Obama, inteligencia comunicacional asertiva

Uno de los personajes políticos mundiales que más ha impactado como comunicador en la última década es el actual presidente de Estados Unidos, Barack Obama. Su personalidad como descendiente de la cultura afroamericana lo ha destacado como una figura interesante y fuera de lo común.

Independientemente de su color político y su color de piel, atrae por el color de voz y la forma como asume una postura segura y asertiva frente al público, tanto en la televisión como en las ruedas de prensa frente a los medios de comunicación o los escenarios internacionales.

En el libro *El método Obama: las 100 claves comunicativas del hombre que ha revolucionado al mundo*, el autor Rupert L. Swan afirma que una de las claves de Obama es que es «limpio por fuera, limpio por dentro».[9] Y muestra algunos hábitos de Obama para mantener su imagen. Lo utiliza como ejemplo para que las personas aprendan a proyectar su imagen frente a otros y da algunos «tips» y consejos sobre el manejo de la autoimagen.

Swan dice: «El hábito no hace al monje: no por acicalarte o lucir determinados elementos en tu indumentaria te vas a ver —ni te van a ver— como quien no eres. Por eso, es mucho mejor que emplees tu ingenio y tu energía en encontrar tu imagen, la que refleja tu personalidad».[10]

Con esta afirmación, sin embargo, no estamos restándole importancia a los consejos de un buen estilismo para cada ocasión. Más que «aparentar», debemos enfocarnos en «proyectar». Y, no cabe duda, uno de los adjetivos que mejor te proyectan es «limpio».

Cuando alguien se presenta limpio y cuidado —como el inquilino de la Casa Blanca—, nos embarga un sentimiento de que no tiene nada que esconder: se encuentra tan a gusto consigo mismo como nosotros con su presencia.

En cuanto a tus «prendas», aplica el mismo principio: cuidado con los detergentes y suavizantes excesivos. Un buen jabón neutro para ropa en perfecto estado —sin deshilachados, botones colgantes o forros desprendidos— y bien planchada, aunque sin rígidas marcas de plancha, dirá que eres una compañía fresca y agradable.

Asertividad en vivo y en directo

Mientras escribía estas páginas, vi en CNN en Español una intervención del presidente Barack Obama. Estaba hablando acerca de la prisión de Guantánamo. Un tema bastante espinoso. Y de repente, entre el público, una mujer que no estaba de acuerdo comenzó a gritarle.

De inmediato Obama acudió a toda su virtud de comunicador con asertividad y le dijo: «Señora, permítame terminar mis palabras y escúcheme bien, para que pueda comprender de qué se trata». Al cabo de un rato, la mujer volvió a lanzar improperios al presidente de Estados Unidos.

En ese momento, Obama la miró a los ojos, guardó silencio y le permitió hablar. Después de escucharla unos segundos y mantener el control de la situación sin desestabilizarse, continuó sin reparos su discurso. No perdió la compostura, tampoco se dejó llevar por la ira, ni la maltrató con insultos, ni utilizó su autoridad de primer mandatario de la nación más poderosa del mundo para humillarla, o mandarla a callar.

Le dijo: «Por favor, déjeme terminar señora... quiero responder a sus inquietudes... gracias señora». Fue amable, tranquilo y caballeroso. Pero no perdió el dominio de sí mismo ni de la escena, transmitida ante los medios de comunciación. La tuvo en cuenta. Aunque la puso en su lugar. Ese balance, se llama asertividad. Le dijo con tono firme pero amable y cordial: «Debería dejarme terminar. Esto es parte de la libre expresión, que usted pueda hablar, pero también yo tengo que poder hablar y usted tiene que escuchar».[11]

El poder de «arremangarse»

En los últimos años he mencionado en mis programas de capacitación el método Obama de la comunicación, como un ejemplo de cómo producir un impacto especial, sin presumir de un alto perfil. He destacado como parte de su estilo personal, la forma como aparece con la camisa arremangada, lo cual permite verlo mucho más amigable.

La figura de Obama se muestra flexible, no rígida, sino más bien cercana. A pesar de manejar un estilo directo, serio, no tan extrovertido, sino analítico, logra llegar a la gente como un individuo comprensivo y sensato, que no está distante sino dispuesto y accesible.

Menciono a Obama como un líder mundial con la habilidad de hablarle al público de un tema tan profundo como «la esperanza» con una actitud tranquila y armoniosa de líder mundial. Pero sobre todo con una sonrisa amplia y definida, que conduce a las personas a sentirse respaldados por un gobernante con la capacidad suficiente para enfrentar los conflictos internacionales, con su particular talante y temple personal.

Me llamó la atención cuando leí en el libro de Rupert L. Swan acerca de «las mangas de Obama». Dice, entre otras cosas:

Es curioso que ningún crítico de política o moda haya arremetido contra el desenfado con que el nuevo presidente de Estados Unidos se arremangaba en sus discursos de la campaña electoral. Los expertos en imagen aseguraron que esta particularidad de Obama era parte de su política, puesto que pretendía conectarse emocional y estéticamente con los Kennedy y, en particular, con Bob Kennedy. Bob se arremangaba los puños y las mangas de sus camisas, pero en Barack quizá "arremangar" no sería el término más exacto. Obama dobla cuidadosamente las mangas desde el puño hasta apenas el codo. Pasión contenida.

Al igual que a la hora de desabrochar una camisa o desprendernos de un suéter o jersey superpuesto a otro no debemos exagerar —lo haremos con cuidado para no descolocar toda la indumentaria—, subirnos las mangas será un acto que realizaremos con tranquilidad. Eso sí, nunca con parsimonia ni perfeccionismo: unas tres o cuatro vueltas estarán tan bien como uno o dos botones de la camisa. Allá donde te encuentres, los que te rodean no traducirán el gesto como una demostración de agobio o saturación, sino como una propuesta de relax.[12]

La postura de una autoridad relajada determina el nivel de credibilidad que las personas le dan a la comunicación de un líder. Presentarse al mundo entero como una persona tranquila, sin afanes ni preocupación alguna, que camina con paso lento, pero firme y seguro, puede ser la clave del éxito de un dirigente. En el caso Obama, es evidente que ha sido una apuesta efectiva para conseguir la victoria, y repetir.

Un importante dirigente empresarial y coach internacional colombiano, autor de libros de liderazgo, Raul Escobar Alzate, insiste siempre en la virtud de la tranquilidad como clave para el crecimiento del ser. De él he aprendido lecciones sabias como: la mejor manera de mantenerse adelante en un mundo que se mueve rápido, es bajar la velocidad.

Dice que se deben hacer cortes, tomarse tiempo para planear o pensar una buena decisión. Incluso tomar una siesta puede incrementar la productividad. Bajar un cambio mantiene fresco el flujo creativo. El elogio de la lentitud. De nada sirve afanarse tanto, hay tiempo para todo, el mundo no es de los rápidos, es de los más preparados.

En mi caso, este asunto de aprender a andar despacio y a transmitir mis ideas de una manera calmada, pausada, tranquila, con postura de consultora asertiva y no de periodista afanada, angustiada y acelerada, ha sido todo un aprendizaje. Creo que he logrado altos niveles de tranquilidad y calma. Pero, la verdad, esto de la actitud relajada, no es nada fácil para aquellos que, como yo, vivimos la vida con intensidad, como a mil kilómetros por hora.

Por eso, de ahora en adelante, mi lema de vida será: la tranquilidad es parte de la asertividad. Esa es la clave secreta de los comunicadores serenos y efectivos, como Obama.

El trasfondo religioso de Obama y su influencia en la comunicación

El trasfondo personal de hombre de fe cristiana, ha influido en el método de comunicación de Obama. Su discurso llamado por algunos «mesiánico» tiene todo que ver con la política tradicional de Estados Unidos. Evoca a grandes figuras como Martin Luther King y John F. Kennedy, personajes que llevaron al electorado a volver a pensar en el sueño americano.

En la esencia de su mensaje, Obama se perfila siempre como un impactante predicador que ha logrado encantar a esa fuerza política estadounidense que recuerda con amor los años sesenta. Son todas las personas que lo siguieron durante su campaña en el llamado «supermartes» y que respondían fieles y de una manera emocionante: ¡sí, podemos!

El público gritaba eufórico cuando Obama decía en su discurso en la convención: «La creencia fundamental de que yo soy el guardián de mi hermano, yo soy el guardián de mi hermana, es lo que hace funcionar a este país. Eso es lo que nos permite perseguir nuestros sueños individuales y aun así estar unidos como una familia americana. No existen una América liberal y una conservadora. Existen los Estados Unidos de América».[13]

Como sus antecesores de los 60, Obama representa en su discurso la esperanza del cambio. Pero con su efecto personal, muy particular, carismático y de alto nivel de oratoria, logra encender pasiones que se presentan como un reto para el análisis de los que somos investigadores permanentes y apasionados de la comunicación.

Como creyente, Obama se congregaba en Trinity United Church of Christ de Chicago, desde los años 80, una congregación de mayoría afroamericana. De ahí su capacidad de oratoria articulada y con un fondo más espiritual que demagógico. También su inclinación a enfocarse en los principios y valores cristianos bíblicos para componer sus mensajes.

Sus críticos lo tachan de populista. Aseguran que detrás de ese discurso bien articulado no hay mucho fondo. Pero las encuestas y resultados muestran la simpatía de la gente en Estados Unidos de América con ese comunicador que ha roto todos los paradigmas.

El político con fama de «estrella de rock»

Otro libro extraordinario para entender a Obama como comunicador, no solo por su poder político, sino también por su trasfondo religioso, es *La fe de Barack Obama,* de Stephen Mansfield.

En esas páginas el autor lo describe como: «Él es el político con fama de "estrella de rock", el "rostro del futuro del Partido Demócrata" y el "joven flaquito de nombre gracioso" que ha ascendido a la cúspide de la política estadounidense».[14]

El autor ofrece un examen completo del papel de la religión en la vida del candidato presidencial demócrata. Mansfield, una voz reconocida de la derecha política cristiana, presenta un análisis equilibrado e imparcial de Obama que sorprende a gente de todas las tendencias políticas y provoca una discusión general sobre un tema que continúa siendo central.

Mansfield ofrece datos y detalles para refutar definitivamente muchas de las acusaciones más explosivas en contra de Obama, incluida la siempre presente «teoría» de que Obama es un «candidato musulmán manchuriano».

Identifica los temas clave que impiden a los cristianos votar por Obama y dice cómo él aún sigue tratando de conectarse con ese grupo, a menudo con más éxito que el excandidato John McCain.

Describe la forma en que la religión desempeñó un papel importante en las elecciones. Conduce al lector a un relato conmovedor del recorrido por la fe de Barack Obama.

Es una lectura esencial para cualquiera que trata de entender el salto espectacular del senador de Illinois al centro de atención nacional; y el papel que jugó la religión en las elecciones y que continuará jugando en la política y la cultura del futuro.

Tal como lo escribe Mansfield: «En pocas palabras, él será una fuerza política y religiosa de consideración para la sociedad estadounidense, y que será muy útil tanto para quienes le siguen como para quienes lo critican, que entiendan el motivo».[15]

3. Paulo Coelho, inteligencia comunicacional y profundidad

Aunque no es reconocido como orador permanente, sino como uno de los escritores más vendidos del mundo, con más de sesenta y cinco millones de copias de su obra *El alquimista*, vale la pena incluir en esta lista como modelo de gente de potencial: ¡Power people! al escritor brasilero, Paulo Coelho.

Tampoco es el modelo de mayor estructura literaria. Es considerado por muchos como el «alquimista» de las letras. Aunque no se le reconozca una gran pureza en la construcción de la ilación gramática de sus textos, Coelho es sin duda uno de los autores más famosos de nuestro siglo.

Sus libros han llegado a más de ciento cincuenta países. Son traducidos en cincuenta y seis idiomas y están siempre entre los más vendidos. Al parecer, el éxito de Coelho se debe a que sus planteamientos filosóficos apuntan a la necesidad del público que anda en busca de una verdad, a través de otras fuentes y caminos no convencionales.

Su estilo personal se caracteriza por ser pausado, pensante, reflexivo y no impulsivo. Se podría enmarcar a Paulo Coelho dentro del efecto tranquilidad. En las entrevistas que le han hecho algunos de los medios más importantes del mundo, el autor se muestra sencillo, amistoso y poco confrontador.

Se nota que prefiere la reflexión pausada que los excesos y las frases de rigor. Se sale de lo común en cuanto a lo que por lo general muestran los escritores inspiradores. Porque no trata de ser motivador ni impulsor. Por el contrario, Coelho es un transformador de emociones. Dirige a las personas a pensar en el ser más que en el hacer y a replantearse la existencia desde una perspectiva menos materialista y más trascendental.

Aunque no considero la alquimia y el esoterismo las mejores prácticas para el crecimiento personal, el fenómeno comunicacional de Paulo Coelho demuestra la infatigable búsqueda de las personas de una perspectiva nueva, diferente, que les saque del rigor de los dogmas y del oscurantismo religioso, para llevarlos a una forma mejor de vida.

El otro aspecto claro en el estilo comunicacional de Coelho, es el poder del efecto calidez. La gente no quiere más comunicadores que le indiquen con rigidez las formas de comportamiento que deben adoptar. Prefieren una opción de tranquilidad, reposo, amabilidad, construida a partir de lo sugestivo y generativo, no de lo impositivo. Creo que Coelho es otra muestra de esa latente necesidad espiritual que se percibe cada vez más en las personas y que trata de ser resuelta por las frases de un comunicador inteligente que muestra, como escritor y como persona, las señales de un ¡Power people! de profundidad.

Perfil

Paulo Coelho[16] nació en Brasil, en 1947, en una familia de clase media. Sus padres, Pedro Coelho, era ingeniero, y su madre, Lygia, era una típica ama de casa.

Desde niño creó una resistencia total al catolicismo. Estudió en el colegio San Ignacio de Río de Janeiro, de padres jesuitas. Al parecer, no soportaba la disciplina de la religiosidad. Pero es en ese plantel estudiantil donde descubrió su inclinación hacia el oficio de escribir, que se le convirtió en una pasión. Ganó un premio de literatura en el colegio. Luego su hermana Sonia lo postuló a un concurso de redacción y presentó un texto que él mismo había desechado en la caneca de la basura.

Optó por una gran rebeldía, porque sus padres se opusieron de manera rotunda a que fuera escritor. Su reacción fue tal, que llegó al punto en que su padre pensó que Paulo padecía una grave enfermedad mental. Por eso fue internado en un centro psiquiátrico a los diecisiete años. Entre los tratamientos que le impusieron, se presentaron algunas sesiones de electroshock.

Estuvo involucrado en disciplinas como el teatro. Por eso lo internaron por tercera vez. Porque sus padres se oponían a que desarrollara esas formas de creatividad por considerarlas de segunda categoría. Allí comenzó a asumir una actitud de encierro y hermetismo.

Entonces escribió *Verónika decide morir*, en la que describe escenas de depresión, pánico, suicidio... y otra serie de problemas emocionales que llevaron a la gente a identificarse con la obra. El testimonio de Pablo llevó al gobierno de Brasil a buscar la aprobación de una ley para evitar las intervenciones psiquiátricas injustas, arbitrarias y absurdas.

En los años sesenta ingresó al movimiento hippie y consumió drogas por un tiempo. El músico y compositor Raúl Seixas lo invitó a componer las letras de varias canciones. Con tal éxito, que llegaron a vender más de 500.000 ejemplares.

Defendió la libertad y practicó la magia negra. Por una serie de historietas llamada «Kring-ha» fue llevado a la cárcel. Fue considerado la «cabeza pensante» de ese movimiento que amenazaba la autoridad. Después fue secuestrado y llevado a un centro militar de tortura por algunos días. Se salvó de morir por fingirse loco. Al salir, decide que quiere ser una persona «normal», entonces comienza a trabajar en la casa de discos Polygram.

Se casó con Christina Oiticica en 1979. Actualmente viven en Europa. Luchó por sus primeros libros. Sin dinero suficiente. Con *El alquimista* logró vender más copias que ningún otro libro en la historia de Brasil. Por eso fue inscrito en el *Libro Guinness de los récords*. El *Jornal de Letras* de Portugal le otorgó el título de «el libro más vendido de la historia», en portugués.

En 1993 la editorial HarperCollins, la misma que publica este libro que usted tiene en sus manos, publicó 50.000 copias de *El alquimista*.

En 1993 los derechos de *El alquimista* fueron adquiridos por Warner Brothers. Así continuó la vertiginosa carrera de Paulo Coelho. En 1999 fue nombrado segundo autor más vendido en todo el mundo por la revista francesa *Lire*.

Sus columnas periodísticas se han publicado regularmente en *Corriere della Sera* (Italia), *El Semanal* (España), *Ta Nea* (Grecia), *TV*

Hören + Sehen y *Welt am Sonntag* (Alemania), *Anna* (Estonia), *Zwierciad-lo* (Polonia), *El Universo* (Ecuador), *El Nacional* (Venezuela), *El Especta-dor* (Colombia) y *China Times Daily* (Taiwán), entre muchos otros medios.

Compuso una serie de 365 ensayos breves que se han publicado en los portales de Internet: Ynet (hebreo), RCS (italiano), UOL (portugués) y Terra (castellano). Paulo ha creado una lista de distribución, Manual On Line, que cuenta con más de 30.000 suscriptores.

Ha protagonizado documentales de carácter autobiográfico para Discovery Networks/Polo Imagen (Latinoamérica y España), ZDF (Alemania) y Unknown Planet (Rusia). En otros, se le ha presentado realizando viajes, RTÉ (Irlanda), o peregrinajes, NHK y Aichi (Japón). La figura de Paulo ha servido en diversos documentales para presentar aspectos de la vida brasileña, Productions Espace Vert (Canadá y Francia).

La televisión le ha dedicado varios espacios y entrevistas en programas para canales internacionales como Informe Semanal (TV Española, 2001), Q&A (CNN, 1999) y Hard Talks con Tim Sebastian (BBC, 1999).

Ha concedido innumerables entrevistas a diferentes medios del nivel de *The New York Times* (EE.UU.), *El País* (España), *Der Spiegel* (Alemania), *Le Monde* y *Express* (Francia), *Corriere della Sera* y *La Repubblica* (Italia), *Newsweek International*, entre muchos otros.

Frases de Paulo Coelho

- Morir mañana es tan bueno como morir cualquier otro día.[17]
- Todo está permitido, menos interrumpir una manifestación de amor.[18]

- ¿Cómo entra la luz en una persona? Si la puerta del amor está abierta.[19]
- Coraje. Comenzando la jornada con esta palabra, y siguiendo con la fe en Dios, llegarás hasta donde necesitas.[20]
- Cuando menos lo esperamos, la vida nos coloca delante un desafío que pone a prueba nuestro coraje y nuestra voluntad de cambio.[21]
- Cuando quieres algo, todo el universo conspira para que realices tu deseo.[22]

4. Bernardo Stamateas, inteligencia comunicacional y emociones

Uno de los conferencistas y psicólogos latinoamericanos que me han impactado en los últimos tiempos es el psicólogo argentino Bernardo Stamateas, autor de más de cuarenta libros, con más de medio millón vendidos en todo el mundo.

Es licenciado en teología, terapeuta familiar, licenciado en psicología y sexólogo clínico. Miembro distinguido de la Sociedad Argentina de Sexualidad Humana, dicta conferencias en diferentes países a nivel global.

Cuenta con la capacidad de transmitir y comunicar ideas y conceptos acerca de las relaciones interpersonales, a partir de lo sencillo y lo puntual. Logra en su auditorio una concientización de sus problemas emocionales que pocos consiguen en el escaso tiempo de un programa de televisión o un video publicado en Facebook de 60 segundos.

Uno de los temas que mejor trata es el de las «Relaciones tóxicas». Habla acerca de cómo es una relación que hace daño porque controla, culpa y nivela hacia abajo. Siempre quiere hacer sentir mal al otro, minimizarlo, para poder controlarlo.

Con conocimiento, tranquilidad y buen humor, este autor ha escrito *best sellers* en su país Argentina, en muchos países de Latinoamérica y fuera de la región. Entre sus libros más vendidos se encuentran: *Gente tóxica, Heridas emocionales, Quiero un cambio, Quererme más y Emociones lastimadas.*

Acerca de asuntos tan álgidos como el de la autoestima, Stamateas dice:

La primera creencia errónea es: No soy bueno, es decir, soy un inútil, soy un fracaso, no sirvo para nada, no me lo merezco; en resumen es, no soy bueno. La segunda creencia errónea: Mi vida diaria no es buena. No me interesa nada, no me motiva nada, para mí es todo lo mismo, no me motiva mi presente, no hay nada que me atrae. La tercera creencia errónea: Mi futuro es incierto. Mi futuro va a ser peligroso, mi futuro va a ser malo, mi futuro va a ser negativo. Entonces no soy bueno, mi vida diaria no es buena o nada me atrae, nada me motiva o no hay nada interesante en mi presente y mi mañana va a ser peligroso, incierto, sin esperanza...[23]

El tema de la gente tóxica lo ha llevado a escenarios en muchos países, en donde enseña a las personas cómo deshacerse de aquellos que le hacen daño. Habla, entre otras cosas, sobre cómo identificar y tratar a las personas que les complican la vida a los demás. De esa manera muestra el camino para relacionarse de forma sana.

Siempre describe con un estilo muy ameno y divertido. Trata temas tan duros como el de las distintas personalidades tóxicas. Habla de cuáles son las más frecuentes, aquellas con las cuales convivimos a diario en los diferentes medios en los que nos movemos: el ambiente laboral, la familia, las instituciones, los amigos. También plantea con agudeza cuáles son los daños que nos causan dichas toxicidades, sus efectos y sus consecuencias.

Luego enseña con particular destreza, qué y cómo hacer para ser libre de esas personas que nos enferman y afectan toda la existencia.

Sus contenidos son excelentes. Pero lo mejor de Stamateas es, a mi modo de ver, el sello ¡Power People! que lo caracteriza, como autor y como conferencista o invitado a un programa de TV. Siempre muestra una actitud amable, positiva, refrescante, que no impone dogmas sino que sugiere y establece principios, con una asertividad especial, que permite a cualquier auditorio sentirse muy a gusto y, al final, conseguir cambios personales muy profundos, casi sin darse cuenta.

Perfil

Bernardo Stamateas[24] nació en Buenos Aires, Argentina, en el barrio porteño de Floresta. Es de ascendencia griega. Además de ser escritor, conferencista, terapeuta reconocido, cuenta con habilidades para el juego de ajedrez, y sabe tocar el clarinete y el saxofón. Es licenciado en psicología en la Universidad Kennedy. Además es sexólogo clínico.

Al lado de su ejercicio como conferencista de empresas y columnista de medios de comunicación, Bernardo Stamateas es pastor de una iglesia bautista llamada «Ministerio Presencia de Dios», ubicada en el conocido barrio Caballito, Buenos Aires, Argentina.

Hoy sus libros son muy leídos en todos los niveles sociales y culturales de su país y el exterior. Cuenta con un reconocido prestigio como conferencista y siempre es invitado principal para tocar temas de autoayuda y crecimiento personal. Desde su congregación, enseña a las personas a mejorar su potencial y alcanzar su paz interior.

En Colombia sus libros y discos compactos fueron publicados por el diario *El Espectador*. Muchas personas en el país fueron edificadas por los temas de este autor y conferencista que de verdad genera un cambio y transformación en la gente, para llevarlos a ser mejores personas cada día.

En una conferencia que dictó en Madrid, España, durante un foro de la Fundación AXA, para presentar su libro *Emociones toxicas*, el autor invitó a las personas a realizar un viaje por sus propios recuerdos de sufrimiento y dolor.[25] Con ello logra convertir esos recuerdos en experiencias de mucho valor, que nos pueden aportar a nosotros mismos y a la gente que nos rodea.

En esa presentación, Stamateas, mostró la importancia y el poder de las palabras. Dijo que ellas pueden transformar nuestra visión de la realidad. Además, también puede llevar a un nivel mayor todo aquello que nos haga mejores personas. Dice el autor que podemos elegir lo que queremos ver y la forma en que lo vemos. Elegimos si queremos ver las cosas en sentido positivo o en negativo.

Stamateas da un especial énfasis a la necesidad de viajar al pasado para poder transformarlo. Solo de esa manera podremos utilizarlo como catapulta para impulsarnos a un futuro de realización y plenitud. Asegura que, así como tenemos un álbum de recuerdos, debemos diseñar nuestro propio mapa de sueños. Recalca algo muy importante en cada espacio: solo tenemos una vida, por lo tanto, ¡hay que aprovecharla! *Heridas emocionales* incluye ejercicios sencillos para construir un futuro feliz.

Bernardo Stamateas Invita permanentemente a las personas a ser prácticas y reflexivas. A unir la confianza y la estima para lograr un efecto positivo en los resultados de la vida diaria.

Para salir del autoboicot, el autor muestra con su forma de ser muy agradable, frases que debemos repetir con frecuencia para sacarnos a nosotros mismos del autoestancamiento: no autoboicotearme es invertir en mí. No autoboicotearme es superarme a mí mismo. No autoboicotearme es ser libre de la gente. No autoboicotearme es darme permiso para triunfar. No autoboicotearme es mostrar mi yo verdadero.

Frases de Bernardo Stamateas

- Vivir con culpa es vivir con cadena perpetua. Es condenarse a vivir insatisfecho, victmizándose todo el tiempo por la vida que nos ha tocado vivir.[26]

- Cuando una de las áreas de nuestra vida no alcanza toda su capacidad de expresión nos sentimos con culpa, nos volvemos vulnerables a la queja, a las demandas y a la manipulación.[27]

- Quienes viven con culpa establecen dentro de sí pensamientos rígidos, normas inflexibles y principios imposibles de alcanzar cuyo objetivo final es boicotear el éxito, obligándose así a vivir en medio de un fracaso continuo.[28]

- Desde chicos se nos hizo creer una gran mentira: «Hay que satisfacer los gustos de los demás antes que los nuestros».[29]

- La ironía y el sarcasmo son ingredientes fundamentales que acompañarán el tono de la voz que elegiremos si pretendemos iniciar una larga tiranía.[30]

- No permitas que nadie, ni nada te ofenda. El violento verbal debe saber que tú te respetas, y que bajo ninguna circunstancia permitirás el abuso ni el maltrato.[31]

- Inteligencia intrapersonal, es la capacidad de que disponemos para conocer, entre otras cosas, nuestras limitaciones y actuar sobre ellas.[32]

- No vivas dentro del juego de nadie, vive en medio de tu vida y según los límites que tú mismo diseñes.[33]

- Detrás de cada límite hay una bendición y cada vez que decimos «no puedo» la estamos perdiendo. No esperes pasivamente. La gente de iniciativa crea su futuro antes de que llegue.[34]

- Solo las mentes abiertas son capaces de comprender que todo puede ser mejorado, y que siempre podemos ir por más. El problema más grande que poseen los seres humanos es la parálisis mental, una parálisis que les impide seguir soñando.[35]

- Muchos creen que la queja es una posible solución a sus problemas, sin darse cuenta que lo único que logran es más queja así sucesivamente, hasta verse atrapados en un círculo vicioso sin salida.[36]

- Ser fiel a uno mismo y a nuestras palabras nos convertirá en personas creíbles y confiables, tanto si hemos dicho «sí» como «no».[37]

- ¿A quién de nosotros nos gusta estar cerca de aquellos que a diario nos maltratan o no nos confieren el respeto que merecemos? Absolutamente a ninguno.[38]

5. Ismael Cala, inteligencia comunicacional de alto impacto

En los últimos años, el cubano Ismael Cala se ha destacado como periodista y presentador de CNN en Español. Con su estilo muy propio, muy latino, Cala ha conquistado el cariño y la aceptación del público latinoamericano y estadounidense de habla hispana.

El sello ¡Power people! de Cala en CNN es, en verdad, de muy alto impacto. Por el efecto que causa en las personas con su sonrisa amplia e impecable, por los simpáticos hoyuelos que se le forman en su rostro cuando sonríe, por la forma de vestirse de manera sobria y un poco clásica, pero a la vez cálida e informal, por su imagen de tipo muy latino, atractiva y agradable, Cala es hoy uno de los presentadores más amados y vistos por los televidentes que sintonizan CNN.

Ubicado en Miami, este periodista con mucha experiencia en radio, genera en la audiencia —además de un alto impacto muy agradable por su imagen—, un interés especial por la forma inteligente y hábil como conduce sus entrevistas a personajes y celebridades de todos los países latinos y de Estados Unidos de América.

Cala cuenta con un diferencial muy propio en la manera de dirigirse a sus entrevistados. Los conduce hacia respuestas de su vida personal o profesional, con un estilo periodístico muy pertinente, adecuado, oportuno y acertado. Porque cuenta con la virtud de no extralimitarse y ser bastante respetuoso, pero a la vez agudo, directo y contundente en sus preguntas y en el manejo de las conversaciones.

Lo conocí gracias a mi amiga Patricia Janiot de CNN en Atlanta, quien hizo el maravilloso «puente» de contacto. Cala estaba en los estudios de CNN Miami, cuando me entrevistó en el 2011, a propósito de mi serie de libros «Mentoring para comunicadores inteligentes», *Habilidades de comunicación hablada, Habilidades de comunicación escrita* y *Habilidades de comunicación y escucha.*

Desde esa primera vez que vi a Cala entendí que, frente a mí, se encontraba un comunicador con un sello muy propio. El programa se llamó «El arte de la comunicación». Fue repetido varias veces y elogiado por millones de televidentes en toda la región.

De inmediato logramos una conexión y empatía impresionantes, que hasta hoy permanece y que se ha convertido en admiración. Luego, en el 2013, por el lanzamiento de mi libro *El efecto*, Cala me entrevistó de nuevo. Hablamos de los diferentes efectos que causan las personas y de aquello que producen, a partir de su esencia personal.

Cala trató cada una de las entrevistas que me hizo con una habilidad impactante. Pero a mí me quedó una gran conclusión: una cosa es verlo desde el sofá de la casa y otra apreciarlo en acción directa en el estudio de CNN en Miami. Por ser periodista, puedo medir la capacidad de un entrevistador en el manejo que les da a las preguntas y al personaje entrevistado. Por ser consultora puedo diagnosticar su impacto en la comunicación.

Puedo decir sin lugar a dudas que Cala es uno de los comunicadores más empáticos que conozco. La forma como este atractivo cubano americanizado conduce la sesión de preguntas y respuestas cuenta con una marca personal única. Siempre al final incluye una reflexión, que lleva a sus seguidores a ser mejores personas, a través de las propuestas de vida y crecimiento personal que presenta al cerrar el programa.

Cala culmina cada programa con una frase que lo identifica: «El secreto de saber hablar, es saber escuchar». Por ese tema nos conectamos mucho más. Porque mi tercer libro de la serie es justamente sobre la escucha como un arte de altísimo nivel, al que solo pueden acceder los que son de verdad buenos comunicadores.

Cala escucha al entrevistado, maneja con maestría los tiempos de entrada de las preguntas, entiende bien lo que el personaje quiere decir y lo que está sintiendo. Lo interpreta, lo analiza, lo descubre, lo mide, lo envuelve, lo enamora y al final, termina haciéndolo lucirse como persona y como figura pública. Aunque, en el fondo, quien más se luce es él, por ese brillo y toque personal que le da al programa. Por algo lo escogió CNN para realizar este programa que cuenta con una importante audiencia en todo el continente.

Cala contigo: el poder de escuchar

La frase de cierre de su programa, se convirtió en un libro llamado *Cala contigo: el poder de escuchar* que impacta hoy a miles de lectores de habla hispana.

Me sorprendió de una forma muy grata encontrar en las páginas de su libro, un consejo en el punto número siete de la libreta de apuntes del autor: «Consulta el libro *Habilidades de comunicación y escucha: empatía + alto nivel + resultados,* de la experta Sonia González, que ofrece una metodología muy práctica para alcanzar claridad, fluidez y concreción en la forma de comunicarse».[39]

Y agrega: «González asegura que escuchar es la capacidad de prestar atención en forma dinámica, de desarrollar el "músculo" de guardar silencio o callar los pensamientos, para atender y entender a la otra persona. Escuchar, indica la experta, es mucho más que oír: es poder escuchar lo que el otro dice, pero también lo que no dice, a través de sus actitudes, expresiones y gestos».[40]

Gracias Ismael por la honrosa mención. Eres pura gente de potencial. Eres un verdadero comunicador, con la marca inconfundible ¡Power people!

Perfil

Ismael Cala[41] es presentador y productor de radio y televisión, periodista, autor inspiracional, conferencista, orador motivacional y columnista. Conduce su programa *Cala*, show de entrevistas por CNN en Español y CNN Latino en horario estelar.

Además es conductor del programa *Cala Radio*. Ambos espacios acogen a los personajes más poderosos y relevantes de la escena internacional.

Nacido en Santiago de Cuba, se graduó con honores en la Escuela de Comunicación de la Universidad de York (Toronto), ostenta un diploma en producción de televisión de Seneca College y es licenciado en Historia del arte por la Universidad de Oriente.

Ha sido presentador y conductor de exitosos programas de radio y televisión en Cuba, Canadá, Estados Unidos y México. Su trayectoria como conferencista y orador motivacional lo ha llevado a recorrer cerca de una veintena de países por todo el continente americano.

Ha recibido numerosos reconocimientos por su trabajo, entre ellos el Canadian New Pioneers Awards, el Premio Somos al «Mejor comunicador del año» en Toronto, y el Premio ACE de la Asociación de Cronistas de Espectáculos de Nueva York.

En su show de entrevistas, Cala ha tenido el lujo de contar con figuras de talla mundial, entre los que se destacan mandatarios de países latinoamericanos, empresarios como Emilio Estefan, Premios Nobel de la Paz como Rigoberta Menchú y Lech Walesa, diseñadores de moda como Carolina Herrera, así como decenas de escritores, deportistas, políticos y artistas como Jennifer López, Pitbull, Don Francisco, Susana Giménez, Desmond Child, Arturo Sandoval, Paloma San Basilio, Andrea Bocelli, Larry King...

Nació el 8 de septiembre de 1969 en Cuba. Hoy es uno de los presentadores latinos más reconocidos, sobre todo por su programa «Cala», que se transmite en CNN en Español.

Su libro *Cala contigo: el poder de escuchar* es muy interesante, se enfoca en el arte de escuchar. Allí el autor cuenta gran parte de su vida, con testimonios personales de mucho impacto. También menciona las directrices que le ha dado a su vida personal.

Cala se confiesa como un enamorado de Dios y de la vida. En su obra plantea una espiritualidad con influencia cristiana y de otras líneas de disciplinas y pensamientos. Practica del yoga y la meditación. Se muestra como un buscador incesante de la verdad, la luz, la paz interior y la realización personal.

En su ámbito laboral, muestra día a día ser un determinado, dedicado y disciplinado periodista. Como mentora dedicada por años al diagnóstico de más de 15.000 ejecutivos en el mundo empresarial y académico, puedo decir hoy que Cala es un profesional excelente, con capacidades personales suficientes para ser un personaje popular extraordinario y querido por muchos. Cuenta con un millón de seguidores en Twitter con @calacnn y Facebook con Ismael Cala CNN.

Ha mostrado su talante y su decidida inclinación hacia el triunfo y el crecimiento personal a lo largo de su carrera. Seguramente llegará muy lejos. Lo que ha logrado apenas es el comienzo del brillo de una estrella del periodismo y los medios de comunicación. Habrá mucho más que hablar de Cala. Contigo y conmigo.

Es un gusto saber que compartiremos escenarios en conferencias internacionales, hablando de esta pasión que nos une y nos genera una interesante sinergia: escuchar.

Para su libro, Cala me solicitó un «blurb» —testimonio del autor— que quiero compartir con usted, amigo lector, para resumirle así mi apreciación de este periodista latino de CNN con sello ¡Power people! de alto impacto:

> Después de leer las páginas del libro *Cala contigo: el poder de escuchar*, de mi amigo y colega Ismael Cala, entendí mucho más de dónde proviene el efecto y el alto impacto que él proyecta como comunicador. Cala nos ha encantado con su capacidad de hablar, a través de su programa en CNN. Muy asertivo, agudo, vibrante, directo y a la vez amigable. Pero ahora nos sorprende con su habilidad de escribir. Este es un libro con ilación, ameno y aplicable. Muy útil e interesante.
>
> Gracias Cala por la mención en el punto 7 de tu libreta de apuntes: «Consulta el libro *Habilidades de comunicación y escucha*, de Sonia González».
>
> Me siento honrada por ser parte de las influencias positivas de un líder como tú. Pero sobre todo, feliz por esta empatía y sinergia que nos conectó desde el primer instante en tu programa y que ahora nos llevará a muchos escenarios de Latinoamérica, Estados Unidos y Europa, para impactar a miles y ayudarlos a ejercer el maravilloso arte de escuchar. La clave del éxito.

Frases de Ismael Cala

- Recuerda que la comunicación solo será efectiva si es abierta y receptora, si escuchas el punto de vista del otro.[42]

- Los mensajes de texto son muy útiles y ahorran tiempo, pero proponte no abusar de ellos. Favorece el contacto por medio de la voz.[43]

- Usa la música para desarrollar tu capacidad de escuchar. Busca algunas canciones que has oído de pasada, pero cuya letra no recuerdas. Analiza palabra por palabra, frase por frase, todo lo que dice y lo que quiere decir, más allá de las palabras.[44]

- Cuando te reúnas con un amigo, ejercítate en prestar atención a lo que dice, controla los silencios para que concluya su idea y no cambies el tema sin justificación.[45]

- Investiga sobre tus nombres y apellidos. Haz, como yo, un ejercicio de búsqueda de tu identidad y tu marca personal.[46]

- Las emociones negativas, bajas y oscuras atraen situaciones similares en nuestras vidas. La gratitud es el sentimiento que más beneficios nos reporta. De esto no tengo la menor duda.[47]

- Demos gracias cada día por lo que tenemos, por lo que desearíamos. También por lo que no alcanzamos pero hizo crecer nuestra capacidad de entendimiento.[48]

- Para ser emocionalmente inteligentes, debemos ser emocionalmente humildes.[49]

- ¿Cómo decidir entre lo lógico, lo correcto, y lo que de verdad quieres hacer? Sé honesto contigo, prioriza —en lo que

comprometa el estado emocional— tu voluntad ante la
petición de fuerza de un agente externo.[50]

- El poder de vivir a plenitud radica en entender cómo
  relacionarnos con los demás. Las mejores relaciones
  interpersonales, en cualquier grupo o situación, son aquellas
  con una sólida conexión emocional, basadas en la confianza
  mutua.[51]

- El gran milagro que podemos esperar de Dios es que nos
  cobije en su esencia, para desterrar la duda que nos limita el
  crecimiento y los sueños.[52]

- La duda no tiene el poder de destruirnos ni de ayudarnos a
  progresar.[53]

- Hay dos tipos de personas en el mundo: las que hablan
  más de lo que escuchan y las que escuchan más de lo que
  dicen. Las segundas, de seguro, son las más sabias.[54]

6. Bárbara Palacios, inteligencia comunicacional inspiracional

Conocí a Bárbara Palacios en Miami, en un evento de la editorial
Grupo Nelson para el lanzamiento de cinco autores: el argentino
Andrés Panasiuk, el español Mario Escobar, el guatemalteco Jeffrey
De León, ella como venezolana y yo como colombiana.

Cuando presentó su libro, *La belleza de saber vivir*, comprendí
—por su actitud y sus habilidades comunicacionales—, que además de ser una bellísima ex Miss Universo (1986), es una mujer
capaz de inspirar a miles en pro de los valores y el crecimiento
personal.

Eso es, en resumen, la escritora y conferencista Bárbara Palacios: una mujer con el sello ¡Power people! inspiracional. De hecho, su marca se llama así: BP Inspiration. Creo que cuenta con una marca muy bien puesta, en razón de lo que ella es y del efecto que proyecta, con su esencia personal.

Bárbara Palacios inspira a vivir bajo los principios y valores universales que permiten a las personas crecer como individuos y relacionarse con otros de una mejor manera. Su estilo como conferencista es pausado, elegante y bastante convincente. Es evidente y apenas obvio que le ayuda mucho su porte de reina universal de la belleza. Aunque hayan pasado veintisiete años, ella mantiene bien puesta su corona.

Se conserva intacta. No solo su belleza física que es irrefutable, sino en cuanto a la belleza interior que proyecta, con su forma de ser apacible, tranquila, prudente, sobria y descomplicada. A pesar de su lindo rostro, cabello y figura, Bárbara se muestra siempre sencilla y calmada. No posa de manera desmedida ni trata de sobrepasarse con las excentricidades propias de una mujer latina de belleza extraordinaria, que quiere impactar y seducir con sus encantos físicos sobresalientes.

Bárbara mantiene, además de su figura impecable, su compostura y templanza con inusual discreción, una belleza interior que se expresa en su sonrisa y que le permite demostrar que es, más que una reina, una autora seria y aplomada, con contenido y sustancia, con un mensaje de profundidad espiritual basado en los principios bíblicos.

Esta conferencista venezolana radicada en Miami, acompañada siempre de su esposo y manager, Víctor Manrique, lleva a miles de mujeres y hombres al crecimiento personal, a través de sus conferencias en diferentes países de la región y a nivel internacional. Claro, sin perder su encanto latino, de hermosa mujer venezolana, siempre bien puesta, maquillada y arreglada. Nunca se descompone ni se deja ver desaliñada.

En su libro *La belleza de saber vivir*, Bárbara habla acerca del «GPS de la vida».[55] Es el testimonio de una vida que disfruta al máximo, en perfecta armonía con Dios, los valores familiares y los desafíos de la vida cotidiana. Es un libro inspirador escrito por una de las personalidades más conocidas y queridas en América Latina. En nueve capítulos fáciles de leer, Bárbara Palacios navega por los trayectos más importantes de la vida: la aceptación, el enfoque, el equilibrio, el liderazgo, el optimismo, la gratitud, el perdón, la dignidad y la fe.

¿Está preparado para enfrentar positivamente los desafíos más difíciles de la vida? ¿Cuáles son sus puntos fuertes y sus puntos débiles? ¿Le gustaría transformar sus limitaciones en poder? ¿Le gustaría generar esperanza, disciplina y perseverancia? ¿Conoce su GPS interno (moral innata)?...

En *La belleza de saber vivir* el lector encuentra las respuestas a estas preguntas importantes. El libro es un manual para poner en movimiento nuestro GPS, para descubrir las herramientas clave y alcanzar nuestros objetivos principales en la vida.

El profesionalismo, integridad y encanto de Bárbara Palacios ha trascendido hasta convertirla en una moderna y exitosa mujer de negocios y empresaria. Sus múltiples negocios incluyen agencias de publicidad y actualmente lidera su compañía, BP Group, con su propia línea de joyería, productos de belleza y tiendas que llevan su nombre en Estados Unidos.

A la par de sus actividades empresariales, compromisos televisivos y conferencias, Bárbara Palacios lleva una vida tranquila junto a su esposo e hijos. Mujer de sólida fe y profundo amor por Dios, en *La belleza de saber vivir* Bárbara, antes que nada, agradece al Ser Supremo por darle la oportunidad de escribir ese libro. Dios es el apoyo, guía y presencia constante en la vida de Bárbara.

Más allá de la proyección de su imagen personal y de la credibilidad que ha edificado en las distintas facetas de su vida pública, Bárbara ha desarrollado simultáneamente una intensa y productiva carrera profesional.

Perfil

Bárbara Palacios es una figura pública reconocida y respetada en América Latina y entre los hispanos en Estados Unidos. Ha desarrollado simultáneamente una intensa y productiva carrera profesional como imagen y portavoz de reconocidos productos, así como también en la industria de la televisión. Ha sido fundadora de diversas empresas de publicidad y mercadeo.

Su poder de comunicación, su carisma y el deseo constante de influir positivamente las vidas de muchos seres humanos, la llevaron a convertirse en una figura de referencia para brindar inspiración y orientación a quienes han seguido su trayectoria, tras haberse convertido en un ícono internacional de la belleza de la mujer al conquistar el título de Miss Universo 1986.

El resultado de sus experiencias como motivadora, conferencista, promotora y defensora de un estilo de vida integral, la llevaron a convertirse en destacada autora.

Sus libros *La belleza de saber vivir* y *Lejos de mi sombra, cerca de la luz*[56] recogen el testimonio de una vida aprovechada al máximo, y transmiten sus conceptos espirituales, valores familiares y experiencias alrededor del mundo, a través de una plataforma de inspiración para influenciar positivamente al ser humano e impactar sus vidas.

Bárbara Palacios nació en Caracas, Venezuela, el 9 de diciembre de 1963. Está casada con Víctor Manrique con quien tiene dos hijos, Víctor Tomás y Diego Alfonso.

En la actualidad vive en Miami, donde posee varias joyerías que llevan su nombre: Bárbara Palacios A Lifestyle.

Frases de Bárbara Palacios

- Todos nacemos con el ideal de ser aceptados, en primer lugar por nuestros padres y también, según crecemos, por las personas con las que nos relacionamos. Sin embargo, pocas veces nos enseñan cómo ser agradecidos por quienes somos y por la forma en que nos vemos.[57]

- Muchas personas te podrán responder, pero nunca sabrás la verdad a menos que dirijas las preguntas a quien te creó y a quien tiene la razón de porqué pensó en ti para vivir algo especial aquí en la tierra.[58]

- El líder al hacer de su esperanza una inversión a prueba de pérdidas, logra estabilidad en su corazón y en su vida.[59]

- El buen líder conoce bien las capacidades con las que cuenta y si no las posee, las busca, se prepara porque está automotivado para lograrlo.[60]

- Existen afortundamente muchas personas que han aprendido a perdonar a otros y a sí mismas, pero hay otras que a pesar de saber perdonar a los demás no pueden hacerlo consigo mismas. Esto se convierte igualmente en un gran dolor.[61]

7. Max Lucado, inteligencia
comunicacional cinematográfica

Uno de los autores espirituales que más me gusta es Max Lucado. No solo como cristiana, sino como escritora. Me encanta su estilo de narrar crónicas tan reales y llenas de frases divertidas, que convierten cada uno de sus libros en un material de crecimiento y al mismo tiempo en páginas muy agradables para leer.

Su estilo de redacción puntual y rítmica, con una ilación formidable, permite al lector encontrarse con una espiritualidad más divertida. Es un escritor que conduce al deleite de la relación con Dios de una manera tan amena y bien escrita a la vez, que uno se puede comer un libro suyo en una tarde y casi querer devorarlo.

Lo que me impresiona es que esa virtud de buen escritor y de hombre que inspira la verdad de Jesús con una gracia inusual, parece que creciera cada vez más, a medida que desarrolla su ministerio como escritor.

Una vez tuve la oportunidad de escucharlo en una conferencia en la convención de Expolit en el Hotel Sheraton de Miami; ahí comprobé una vez más que mi teoría de que la comunicación es una sola competencia, sea hablada o escrita, es real. Un comunicador con el sello ¡Power people! lo es tanto al escribir como al hablar. No en todos los casos. Pero sí en la mayoría. En el caso de Max Lucado, mi tesis se cumple al pie de la letra.

Me impresionó la gracia que desarrolla frente al auditorio. La forma como dice bromas y mensajes amenos, cero rígidos y muy llenos de palabras divertidas, pero bien dichas, con calidad lingüística y con mucho fondo espiritual. Max Lucado es de esos oradores que le cambia a uno el «chip» con un mensaje. Lo confronta y lo lleva a cuestionarse la vida, con analogías e historias a manera de parábolas.

Esa tarde en Miami, se convirtió, para mí y todo el auditorio, en un momento muy especial e inolvidable. Lucado habló con el corazón, con muchas virtudes comunicacionales y con la gracia que lo acompaña. Como el ser puntual que es, agradable, sin aspavientos ni bulla, con un estilo ecuánime y discreto, pero con mucho encanto. Comprobé también que las personas con la marca ¡Power people! como Lucado son, más que discursos rígidos y predecibles, un deleite para escuchar y leerlos, como si cada frase que dijeran se tratara de un feliz espacio de esparcimiento.

Max Lucado cuenta con la virtud de arrancarle una sonrisa al lector siempre. O una lágrima. Pero sus textos nunca pasan inadvertidos. Es imposible.

Por algo hoy es uno de los autores más leídos, tanto en portugués como en español e inglés. Es impresionante la forma en que llega al lector, de una manera tan cálida. No olvido algunos de sus bestsellers, como *Todavía remueve piedras*, que me estremeció en lo personal hasta los escombros, *Un café con Max*, ¡fantástico!

Para mí, Max Lucado es el modelo de comunicador ameno y divertido, pero profundo y confrontador a la vez. Su figura personal impacta por ser la de un hombre gentil, bien presentado, tranquilo y siempre con una sonrisa dibujada en el rostro.

Su gracia conduce a la gente a cuestionarse la vida, a buscar el modelo de Jesucristo como un referente agradable, feliz, poderoso, amigable y nada religioso. Sus frases son distintas a las de cualquier autor imperativo y acartonado. Lleva al lector —o al auditorio— de una manera sutil al convencimiento de la verdad. Le aplica la marca que lleva el título de uno de sus últimos libros bestsellers: *Gracia*.[62]

Cuando cumplió veinticinco años de su trayectoria editorial, publicó su libro *Más allá de tu vida*, en el que abordó temas como: ¿quién es responsable de ayudar a los hambrientos y a los pobres del mundo? ¿Se supone que el cristianismo debe involucrarse en la búsqueda de la justicia y la reducción de la pobreza?

¿Cómo podemos superar la tendencia estadounidense de concentrarnos en nuestras propias necesidades? ¿Tenemos los recursos necesarios para reducir la pobreza y el hambre alrededor del mundo? ¿Es la oración por los demás la forma «barata» de enfrentar los retos mundiales? ¿Cómo puede alguien marcar la diferencia en un mundo de hambre, guerra y enfermedad? En honor a sus veinticinco años de trayectoria editorial, Max Lucado se unió en colaboración al grupo humanitario internacional World Vision para asegurar el patrocinio de 25.000 niños que no contaban con apoyo.

En respaldo a esa iniciativa, realizó una gira por varias ciudades. Además, donó el cien por ciento de las regalías por la venta de todos los productos de *Más allá de tu vida* a dos instituciones benéficas —World Vision y la Fundación James 1:27— a favor de los niños y las madres solteras.

Perfil

Max Lucado[63] nació en 1955 en San Angelo, Texas; es el menor de los cuatro hijos de Jack y Thelma Lucado; además, se crió en Andrews, Texas. Estudió en la Universidad Cristiana Abilene. Su padre era un obrero de la industria petrolera y su madre enfermera. Quería ser abogado, pero un estudio de Biblia en la universidad y un viaje con la iglesia cambiaron sus sueños, por lo que quiso convertirse en un dedicado líder cristiano.

Es licenciado en Biblia y ha fungido en la iglesia, en Miami y en San Antonio, Texas. Es un reconocido predicador, aparece en numerosos programas de televisión. Sus obras se venden por millones y aparecen en las listas de libros más vendidos de *The New York Times*.

Sus obras han sido traducidas a más de cuarenta idiomas; además, ha publicado más de cien millones de productos. Ochenta y dos millones son libros, siempre considerados *bestsellers*. Ha aparecido en medios de comunicación nacionales de Estados Unidos y es llamado el «Pastor de América». Por eso fue nombrado por *The New York Times* como uno de los líderes más influyentes de los medios sociales. Su cuenta de Twitter @MaxLucado tiene casi un millón de seguidores.

En uno de sus últimos libros, *Gracia*, Max Lucado dice que para él, gracia significa mucho más de lo que generalmente pensamos. «El significado de la vida. Los años deperdiciados. Las malas decisiones. Dios responde a la confusión existencial con una sola palabra: Gracia».[64] Entre algunos de sus libros están: *Aligere su equipaje, Aplauso del cielo, Cuando Cristo venga, Él escogió los clavos, Cuando Dios susurra tu nombre, El trueno apacible, Lo hizo por ti, En manos de la gracia, Promesas inspiradoras de Dios, Todavía mueve piedras* y *Un cafecito con Max*.

Frases de Max Lucado

- Reconoce la respuesta a la oración cuando la veas y no te des por vencido cuando no la veas. La adulación es deshonestidad elegante. El corazón correcto con el credo errado es mejor que el credo correcto con el corazón errado.[65]
- La fe en el futuro engendra poder en el presente.[66]

- Ver el pecado sin la gracia produce desesperanza. Ver la gracia sin el pecado produce arrogancia. Verlos juntos produce conversión.[67]

CAPÍTULO 6

El iPad de la comunicación

Inteligencia = Poder + amor + dominio propio

Tu tiempo es limitado, de modo que no lo malgastes viviendo la vida de alguien distinto.

—STEVE JOBS (1955–2011)[1]

Una de las maravillas del legado de Steve Jobs con su marca Apple es el iPad. Para mí como periodista, conferencista, escritora, líder, viajera frecuente, mentora empresarial, mamá, ama de casa... es una herramienta poderosa que cambió mi vida. La forma de comunicar, programar y trasegar el día a día se hizo mucho más fácil, organizada y feliz.

Y cada vez que aparece una nueva herramienta virtual, estoy atenta a conseguirla. Son recursos efectivos y definitivos para una comunicación inteligente.

¡Eso sí que es *power!* Convertir las herramientas de comunicación en instrumentos para facilitar y mejorar la vida de las personas. Me encanta. Creo que de todas las virtudes que se le adjudican a Jobs, la más asombrosa es el efecto que dejó con su marca personal ¡Power people! Innegable. Inconfundible.

Más allá de la tecnología y de los miles de millones que representan en dólares sus aciertos tecnológicos, Jobs mostró su efecto innovación[2] pero además de todo, desplegó como pocos su plumaje de pavo real con marca ¡Power people!

Es sin duda, y sin cansancio al repetirlo, parte de los diez mejores líderes de potencial que han marcado la historia. Con la originalidad de cada nuevo «juguete» nos dejó como legado, el particular símbolo de la manzanita mordida que nos acompaña sigilosa y juguetona a todas partes.

Por esa influencia tan marcada que nos dejó Jobs, y por lo valioso que es contar con un iPad en la cartera, en la mesa de escribir de los altos ejecutivos o en el morral de un ávido estudiante universitario, vale la pena que hoy diseñemos un sistema nemotécnico de la comunicación inteligente y el ¡Power people! con un acróstico del nombre iPad, así:

Me parece una interesante forma de definir el concepto de comunicación inteligente (CI). Uniendo aquí la nueva tecnología de Apple, con el sabio consejo que le dio el apóstol Pablo a su discípulo Timoteo en esa segunda carta magistral que le envió para entrenarlo acerca de la forma en que un joven debe ser un buen comunicador.

Primero, lo instruyó acerca de cómo no ser un cobarde pusilánime en la comunicación, sino un tipo bien plantado, con todo el ¡Power people! de la gente que sabe decir las cosas con asertividad.

En ese mensaje breve pero conciso y preciso —como todos los discursos de Pablo— le explicó al temeroso joven cómo enfrentar públicos difíciles. Válido manual para todos los ejecutivos y universitarios principiantes que sufren de pánico escénico cuando deben realizar una presentación en Power Point (¡a propósito del power!) y no tienen ni idea de cómo hacerlo, mucho menos si se encuentran bloqueados por el pavor que produce su propia inseguridad.

¡Qué desastre! Jóvenes con muy buena «pinta», como decimos en Colombia (o «facha», como dirían mis amigos argentinos), que han sido instruidos y entrenados con importantes carreras y mucha técnica, pero que a la hora de enfrentarse a un auditorio o a un comité, pueden quedar paralizados por el temor a la gente. Esa es la triste y preocupante realidad.

No solo de hoy, este no es un mal propio de los estudiantes o los ejecutivos «yupis». El asunto de la cobardía para hablar ante las personas ha acompañado a los seres humanos desde siempre. Yo, en lo personal, lo sufrí por años.

Estudié comunicación social en la Universidad Javeriana de Bogotá —una de las mejores del país—, pero al salir, llena de conocimientos y mucho empuje para «comerme el mundo», sufrí el temor normal de abordar a los grandes personajes que enfrentaba como periodista de la emisora más culta: la famosa HJCK, presidida y fundada por el maestro Álvaro Castaño Castillo, principal promotor de la cultura y mi primer jefe, a los dieciocho años.

Después en los dos principales periódicos del país: *El Espectador*, a los diecinueve años, y luego en *El Tiempo*, de los veintiún a los veintisiete. En todos esos escenarios donde me desenvolvía tan joven, debía mostrar coraje suficiente para desempeñarme como comunicadora de primer nivel. Por eso sé a lo que se refiere Pablo cuando le dice a Timoteo, como buen coach: «Dios no nos ha dado un espíritu de timidez, sino de PODER, de amor y de dominio propio (2 Timoteo 1.7, énfasis agregado).

El pasaje es un legado precioso, no solo en lo espiritual, sino también en lo literario y poético. Por eso es digno de ser publicado completo:

Te recomiendo que avives la llama del don de Dios que recibiste cuando te impuse las manos. Pues Dios no nos ha dado un espíritu de timidez, sino de poder, de amor y de dominio propio. Así que no te avergüences de dar testimonio de nuestro Señor, ni tampoco de mí, que por su causa soy prisionero. Al contrario, tú también, con el poder de Dios, debes soportar sufrimientos por el evangelio.

Pues Dios nos salvó y nos llamó a una vida santa, no por nuestras propias obras, sino por su propia determinación y gracia. Nos concedió este favor en Cristo Jesús antes del comienzo del tiempo; y ahora lo ha revelado con la venida de nuestro Salvador Cristo Jesús, quien destruyó la muerte y sacó a la luz la vida incorruptible mediante el evangelio.

De este evangelio he sido yo designado heraldo, apóstol y maestro. Por ese motivo padezco estos sufrimientos. Pero no me avergüenzo, porque sé en quién he creído, y estoy seguro de que tiene poder para guardar hasta aquel día lo que le he confiado.

Con fe y amor en Cristo Jesús, sigue el ejemplo de la sana doctrina que de mí aprendiste. Con el poder del Espíritu Santo que vive en nosotros, cuida la preciosa enseñanza que se te ha confiado.

(2 Timoteo 1.6–12)

¡Impresionante lección de un buen coach! Creo que Pablo era algo así como el Steve Jobs de la época. Mucho más. Porque no solo fue un innovador, sino que se salió de todos los formatos de los demás apóstoles y les transmitió a sus pupilos el ¡Power people! de cómo ser un comunicador persuasivo, a pesar de su juventud. Una comunicación inteligente, basada más en lo ontológico, en el coraje del «ser», que en el discurso filosófico del saber. Una comunicación inspirada, sostenida, impulsada y empoderada por el Espíritu Santo. Invencible.

Pablo sabía que esa sería su mejor forma de trascender: empoderando a sus discípulos como comunicadores de alto impacto, capaces de transmitir el evangelio de Jesucristo desde su propio «IPad»: inteligencia = Poder + amor + dominio propio.

También habló del *power* de la comunicación inteligente en otros pasajes. Uno de ellos, el que más me impacta, dice así:

No les hablé ni les prediqué con palabras sabias y elocuentes sino con demostración del poder del Espíritu, para que la fe de ustedes no dependiera de la sabiduría humana sino del poder de Dios.

(1 Corintios 2.4–5)

También en su Primera Carta a los Corintios, Pablo afirma este concepto del poder de la comunicación y de las palabras, basado en el marco del reino de Dios, de manera profunda, muy sentida y contundente:

Porque el reino de Dios no es cuestión de palabras sino de poder.
(1 Corintios 4.20)

Pablo conocía bien la diferencia entre el poder natural de las palabras en sí mismas y el poder sobrenatural de las palabras cuando son del reino de Dios. Las manejaba —ambas— a cabalidad. Esa fue la clave de su éxito como comunicador inteligente: saber a ciencia cierta de dónde provenía su poder natural y el sobrenatural.

Se preciaba de haber sido un hombre bien educado, a los pies de un maestro de maestros como Gamaliel (Hechos 22.3). Era fariseo de fariseos. Sin embargo llegó a decir que, aunque tenía de qué gloriarse, más que todos, solo se jactaría de lo que era en Cristo.

Y lo reafirma en la Segunda Carta a los Corintios así: «"Si alguien ha de gloriarse, que se gloríe en el Señor". Porque no es aprobado el que se recomienda a sí mismo sino aquel a quien recomienda el Señor» (2 Corintios 10.17–18).

El poder no basta. La sustancia está en el amor

Al hablarle a su pupilo Timoteo acerca del «iPad» de la inteligencia: Poder + amor + dominio propio, Pablo no se concentró solo en el poder. Sabía que había algo mucho más poderoso que todo el poder del universo unido: el amor.

Cuando se transmiten mensajes, no basta solo con el poder. Si no hay amor por lo que se dice, si no hay amor en quien lo dice, si no hay amor hacia aquellos a quienes se les dice... la comunicación no pasa de ser una simple información intrascendente y sin vida.

Es cuando uno ama a su auditorio, sean miles, cincuenta o uno, que de verdad le creen. Conozco —y usted también— cientos de conferencistas que hablan muy bien, son muy articulados, capaces y elocuentes. Pero no convencen. Porque no cuentan con el ingrediente más importante de la receta comunicacional: el amor.

El mensaje que divulgamos, para que sea completo, debe contener la receta de una deliciosa hamburguesa bien preparada: la tapa de arriba es el pan superior: poder. La tapa de abajo es el pan inferior: dominio propio. Pero en el centro debe ir una exquisita porción triple de carne, con toda la sustancia del mensaje: amor. Esa debe ser la esencia de todos los mensajes de un buen comunicador.

Siempre les digo a los ejecutivos y líderes empresariales: no basta con que conozcan al pie de la letra su tema y manejen como buenos técnicos todo el lenguaje de su área, si no hay amor por lo que hacen (la empresa) y, aun más, por aquellos con quienes lo hacen (clientes internos), y por aquellos para quienes lo hacen (clientes externos)... entonces deben considerar renunciar a lo que hacen (su oficio y sustento).

Como afirma el delicioso merengue de Juan Luis Guerra: «¡Ay cariño, apaga y vámonos, que es lo mismo!».[3] La misma rutina, los mismos informes, los mismos correos... O como dice Juan Luis: «La misma ignorancia, el mismo ballet, el mismo escenario...».[4] ¡Grande el Juan Luis!

Aunque al principio les parece un poco desconcertante lo que les digo, cuando logran romper el paradigma de comunicarse con el saber, y entran en la maravillosa dimensión de dar instrucciones y liderar con el ser, comprenden que si no aman a su equipo, a su empresa y su qué hacer diario, entonces no son más que unos simples infelices 8 y 10 horas al día. De toda una semana. De cada mes. De año tras año... hasta que se jubilen.

Es lo mismo en la comunicación inteligente dedicada a la familia o a los amigos. También se aplica la herramienta del «iPad» a los círculos más íntimos. Nadie le va a creer nada, si no se encuentra sostenido con el más poderoso soporte que es el amor. Todo lo demás es —como les dicen en Colombia los hijos a los padres que hablan mucho pero no lo aplican—, pura «cantaleta».

En este tema, Pablo también estaba clarísimo. La importancia del amor como centro de todo el discurso con verdadero power! era uno de sus enfoques favoritos.

Si hablo en lenguas humanas y angelicales, pero no tengo amor, no soy más que un metal que resuena o un platillo que hace ruido.

Si tengo el don de profecía y entiendo todos los misterios y poseo todo conocimiento, y si tengo una fe que logra trasladar montañas, pero me falta el amor, no soy nada. (1 Corintios 13.1–2)

Esta sí que es una clara descripción de la comunicación ontológica: si mi discurso no se encuentra basado y fundamentado en el amor: «¡Nada **"soy"**!».

Ningún líder demuestra su poder con el conocimiento o la prepotencia y arrogancia de sus títulos. El buen discurso de un profesional se conoce, en verdad, por la capacidad de valorar a las personas de su equipo. Cuando los pondera por lo que son, no por los beneficios que le pueden aportar como «recurso humano».

Uno de los programas de entrenamiento más impactantes de comunicación y liderazgo que he dictado en Colombia fue uno que realizamos en una importante empresa suiza llamada Kuenhe & Nagel (K+N). Se llamaba así: «Valoración del individuo». El proceso obtuvo unos resultados extraordinarios en la cultura de la compañía. Desarrollamos interesantes dinámicas, así como también ejercicios de cambio y transformación. Y la máxima central fue: «Valora al otro... como a ti mismo».

No cabe duda, no puede existir una cultura de comunicación inteligente si no contamos con una de valoración de los individuos que nos rodean día a día en nuestro entorno laboral.

Sobre todo si se tiene en cuenta que el tiempo que transcurre un ejecutivo en una empresa son más o menos de 8 a 12 horas diarias... o sea que más de la mitad del tiempo de su vida lo pasa en la oficina, no en la casa.

Por eso es determinante que la comunicación en la organización se fundamente en el valor del amor como el centro de todo. De lo contrario, los líderes y los funcionarios en general se convertirán en una especie de robots, entes automatizados expertos en conocimiento y con especializaciones, pero que no trascienden al ser. Ni el de sí mismo, ni el del otro. El prójimo. El que tiene a su lado cada día y al cual seguramente le pasa por el lado a veces sin siquiera saludarlo.

Así le pasaba a uno de los altos ejecutivos de esa importante compañía. Su nivel de estrés diario era tan fuerte, que no tenía tiempo para saludar ni mirar a las personas. Por eso aquella mañana de capacitación le pidió perdón a una de sus subalternas, por haberla ignorado durante tanto rato.

Y ni qué decir de las relaciones y la comunicación en el hogar y la familia. Ese sí que es un tema álgido en este momento. Cada día más mamás y papás se quejan de los hijos automatizados con el celular, el computador, el iPad, iPhone, en fin, la comunicación ha dejado de ser inteligente para convertirse en una especie de trastorno obsesivo compulsivo (TOC).

La gente de potencial, con la marca ¡Power people!, no se deja automatizar. Mantiene el eje de todo lo que dice y hace en la importancia de las personas y de las relaciones. Me encanta una frase que le escuché a una de las comunicadoras más eficientes que he conocido: María Mira Hurtado, directora de comunicaciones de la empresa Coomeva en Colombia.

Me dijo durante una cena que compartimos en Cali: «Mi lema favorito es: "Desconéctate para que nos conectemos"». Y, con el perdón de mi amiga María Mira, me apropié de ese fantástico lema. Lección de convivencia y comunicación, para aplicarlo en mi casa con mis hijos, con la gente en las reuniones y en las empresas.

Repítalo conmigo, mi amigo lector, cada vez que pueda, en la mayor cantidad de escenarios posibles, para que me ayude y juntos construyamos una verdadera cultura comunicacional inteligente: «Desconéctate para que nos conectemos».

El poder no basta. El equilibrio está en el dominio propio

En ese tríptico bellísimo que es el carácter de una persona con la marca ¡Power people! —poder, amor y dominio propio—, estos tres elementos son muy importantes. Pero no se podrían conseguir los dos primeros si no se ejercita el tercero.

El dominio propio se relaciona con una virtud del espíritu que permite el equilibrio. Este dominio propio no permite excesos, ni tampoco timideces en la comunicación. El autocontrol de un comunicador le permite dominar aquellos asuntos que no le gustan y también los que le gustan en exceso así como los que le pueden llegar a controlar.

Me gustó mucho cuando entendí que la asertividad es una virtud del ser que permite el equilibrio. El justo centro entre no ser ni muy agresivo, ni muy pasivo. Pero, por lo general, lo que veo en los diagnósticos comunicacionales es que la gente siempre trata de ubicarse en uno de los dos extremos. O muy motivador intenso que sobreactúa, o muy plano y tímido que aburre al público. No importa si se trata de un gran auditorio, una reunión pequeña en una sala de juntas, un café entre amigos o una cena para dos.

Ser un comunicador asertivo es tener el equilibrio entre no ser ni agresivo, ni pasivo. Para ello se requiere de una seria y alta dosis de dominio propio. Los que están en el lado agresivo, demasiado explosivo, efusivo, gritón y acelerado, necesitan entrar en el equilibrio que da el aplomo. Hasta volverse tranquilos, calmados, atinados, sobrios y ecuánimes. Los que están al otro lado, de los pasivos, demasiado tranquilos, pusilánimes, lentos, de volumen bajo, poco entusiasmo y estáticos, requieren de una alta dosis de ánimo. Y ahí estamos todos, en esa búsqueda del equilibrio, entre el aplomo y el ánimo.

Pero no existe una forma de conseguir esa asertividad, si no logramos desarrollar el músculo del dominio propio. No solo por la forma como transmitimos el mensaje, sino por la manera en que reaccionamos ante los detonantes que surgen en algún momento del proceso. Por ejemplo, el no ser reactivos frente a algún personaje que nos irrita y mantener la calma para responderle.

Daniel Goleman asegura en sus libros de inteligencia emocional que las personas deben conocerse para regularse a sí mismas.[5]

Siempre utilizo como referencia esta afirmación para mis procesos de entrenamiento en comunicación. Pienso que, en la inteligencia comunicacional, las personas deben conocer primero su perfil. Luego deben regular tanto sus debilidades como sus fortalezas. Si no hay autorregulación, la comunicación corre el riesgo de caer en dos excesos: o es solo información rígida o se pasa a la emoción efusiva desbordada.

Por eso es importante entender aquí qué es autorregulación, para iniciar con paso firme la forma de autorregular su inteligencia comunicacional. Desde el punto de vista psicológico, la autorregulación emocional es considerada un mecanismo de las personas para lograr equilibrio.

La autorregulación emocional es un sistema de control para supervisar que nuestra experiencia emocional se ajuste a nuestras metas. De esa manera conseguimos una comunicación inteligente y asertiva.

CAPÍTULO 7

El hallazgo de la ontología de la comunicación

Cuando comencé a investigar acerca del profundo universo de la ontología —el estudio del «ser», de los términos griegos *logía* y *onto* respectivamente— descubrí conexiones y realicé hallazgos interesantes que me condujeron a confirmar aun más mi tesis de que la inteligencia comunicacional proviene del ser, más que del saber, el tener o el hacer.

Amigo lector, ser un buen comunicador es mucho más que ser un simple transmisor o informador que rellena de palabras, datos y conocimientos —fríos y estáticos— a un auditorio. Ser un buen comunicador es un asunto del ser. Es a partir de la inteligencia comunicacional, que se proyecta lo que somos en esencia. Así lo dije en mi libro *El efecto*.[1]

Desde mis inicios en la facultad de comunicación social en la Universidad Javeriana de Bogotá, aprendí el concepto de la comunicación como un proceso técnico básico compuesto por: emisor, mensaje, receptor y feedback.

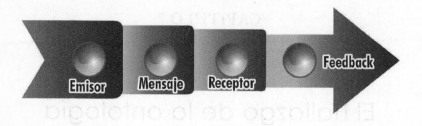

Este gráfico nos sitúa en la comunicación como un proceso básico. Con el transcurso de los años de investigación, he encontrado que la comunicación puede ser mirada desde una profundización mayor y trascender más desde el «ser». Es decir, desde la ontología de la comunicación.

Desde la ontología del lenguaje, hemos visto que ha cambiado la perspectiva de este como un instrumento activo y no pasivo, como se veía desde los griegos, con el pensamiento socrático. Autores como Rafael Echevarría dicen hoy que «los seres humanos son seres lingüísticos».[2]

Los tres postulados básicos de la ontología del lenguaje son:

1. Los seres humanos somos seres lingüísticos.
2. El lenguaje es generativo.

3. Los seres humanos se crean a sí mismos en el lenguaje y a través de él.[3]

Los seres humanos como seres comunicativos

Según Rafael Echeverría, autor de la *Ontología del lenguaje:*

> El lenguaje es, por sobre todo, lo que hace de los seres humanos el tipo particular de seres que son. Los seres humanos, planteamos, son seres lingüísticos, seres que viven en el lenguaje. El lenguaje, postulamos, es la clave para comprender los fenómenos humanos. [...]
>
> Tenemos claro que los seres humanos no son sólo seres lingüísticos y que, por lo tanto, el lenguaje no agota la multidimensionalidad del fenómeno humano. Es más, sostenemos que la existencia humana reconoce tres dominios primarios, pudiéndose derivar cualquier otro dominio de fenómenos humanos de estos tres. Sin entrar a desarrollar este tema en esta ocasión, es importante identificar estos tres dominios primarios. Ellos son: el dominio del cuerpo, el dominio de la emocionalidad y el dominio del lenguaje.[4]

En mis procesos de aprendizaje organizacional enseño que los seres humanos somos comunicativos en la esencia. Que nuestro diseño divino está basado en la comunicación y que esa capacidad comunicacional superior nos dinstingue de todos los seres de la naturaleza.

Por eso, a mi modo de ver, los tres dominios mencionados: del cuerpo, de la emocionalidad y del lenguaje, tienen que ver con un dominio o competencia que reúne o atraviesa a todas las demás; el dominio de la comunicación.

Los cuatro dominios del lenguaje y la comunicación ¡Power People![5]

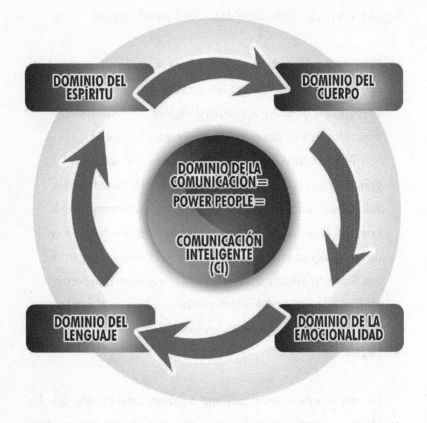

Comunicación con dominio del lenguaje

Me impresiona ver a la mayoría de los ejecutivos de primer nivel en las empresas, como manejan su día a día, sin una concepción clara de cuáles son sus verdaderos dominios. Por lo general, se concentran más en lo técnico y operativo que en el asunto de cómo dominar su comunicación y lograr así ser mucho más asertivos, en 360º.

Un líder que consigue el balance entre todos y cada uno de estos dominios del ser, podrá entonces liderar sin problemas a cualquier grupo de personas, por complejo y difícil que este sea. Pero sobre todo, el dominio del lenguaje y la comunicación son determinantes para el desarrollo integral de una persona o de una organización.

La inteligencia comunicacional abarca todos los dominios del ser. La emocionalidad se expresa a través de ella. También el cuerpo y el espíritu. En las empresas necesitan cada día más desarrollar estos dominios de manera integral, para conseguir los resultados esperados en la rentabilidad.

Y más allá de la productividad, en la felicidad de sus empleados, que pasan más de la mitad de su vida en la oficina. Porque, de las veinticuatro horas del día, por lo menos ocho de ellas están sumergidos en la entidad donde laboran. Por supuesto que debe ser un lugar de dicha y no de presión y angustia diaria. Pero solo con el desarrollo de la inteligencia comunicacional y de estos dominios será posible.

El dominio de la comunicación permite que una persona se sienta segura en su liderazgo y que ejerza una influencia superior. Porque el dominio comunicacional es puro ¡Power People!

Comunicación transformadora

Dice Rafael Echavarría:

> Por siglos, hemos considerado al lenguaje como un instrumento que nos permite «describir» lo que percibimos [...] Esta concepción

hacía del lenguaje una capacidad fundamentalmente pasiva o descriptiva. [...] Nuestro segundo postulado [...] sostiente que el lenguaje es generativo.[6]

Su tesis me emociona y me conecta con mi insistente teoría y metodología de que la comunicación de un líder es capaz de generar cambios, propuestas, crecimiento, innovación... Que no debe ser solo un informador, sino un comunicador, capaz de influenciar, transformar, generar cambios e impactar, a partir de una comunicación mucho más asertiva e inteligente.

Todas las destrezas del ser solo serán visibles y bien expuestas a partir de una comunicación clara, precisa, concisa, sencilla y a la vez contundente. De manera que, a la vez de generar, el líder debe ser capaz de transformar y producir con todo lo que dice, y con todo lo que es, un verdadero aporte a la entidad, a la familia y a su nación.

Son gente de potencial enorme, que además de tener clara la realidad y estar preparados para describirla, pueden llegar a crear nuevas realidades, a partir de su comunicación inteligente. Es más, están listos para llevar a la empresa a otro nivel, a partir de la acción, más allá de la información.

Líderes capaces no solo de presentar informes donde describen lo sucedido durante el mes, los avances o los proyectos, sino que llevan a la empresa y a su entorno a otro nivel, son capaces de transformar además de informar. Ejecutivos y empresarios que no solo muestran lo que puede pasar. Ellos hacen que pase, o que no pase. Y de esa manera, marcan la diferencia como gente con el sello ¡Power People!

Comunicar, más que describir

La comunicación es una herramienta para transformar y generar, más que el simple hecho de describir.

Todo lo que decimos y comunicamos tiene el poder de generar vida o muerte. En los proverbios de Salomón —antes de los griegos— se describe cómo: «En la lengua hay poder de vida y muerte; quienes la aman comerán de su fruto» (Proverbios 18.21).

También otros proverbios del libro de la Sabiduría hablan del tema y nos ayudan a entender que la comunicación inteligente tiene mucho que ver con el poder de las palabras, más allá de lo puramente lingüístico, y mucho más cerca de lo ontológico, del ser, y aun más, del espíritu. Lo dice claramente en proverbios como:

- «La lengua que brinda consuelo es árbol de vida; la lengua insidiosa deprime el espíritu». (Proverbios 15.4).
- «La respuesta amable calma el enojo, pero la agresiva echa leña al fuego». (Proverbios 15.1)
- «La lengua de los sabios destila conocimiento; la boca de los necios escupe necedades». (Proverbios 15.2)
- «Es muy grato dar la respuesta adecuada, y más grato aún cuando es oportuna». (Proverbios 15.23)
- «Panal de miel son las palabras amables: endulzan la vida y dan salud al cuerpo». (Proverbios 16.24)
- «Como naranjas de oro con incrustaciones de plata son las palabras dichas a tiempo». (Proverbios 25.11)

También Jesús afirmó de manera contundente : «Les aseguro que si alguno le dice a este monte: "Quítate de ahí y tírate al mar", creyendo, sin abrigar la menor duda de que lo que dice sucederá, lo obtendrá» (Marcos 11.23). Qué fascinante manera de conducir a sus discípulos hacia la inteligencia comunicacional. Los empoderó para convertirlos en ¡Gente de potencial!

Nadie como él se refirió a la inteligencia de la comunicación como la marca de la gente de potencial. Él mismo es el ¡Power people! Así lo describe el párrafo de entrada de Juan: «En el principio ya existía el Verbo, y el Verbo estaba con Dios, y el Verbo era Dios» (Juan 1.1).

La comunicación inteligente está compuesta entonces por declaraciones contundentes. No basta con informar, es necesario que los líderes impacten y dejen huella con mensajes que trasciendan. Solo de esa manera conseguirán una de las metas más importantes de un buen liderazgo, que es influenciar. Y más allá de la influencia, transformar.

Siempre enseño en mis talleres de Comunicación Asertiva Empresarial que existe una gran diferencia entre informar y comunicar. La información rellena, satura, se olvida y se cae. La comunicación transmite, trasciende, transforma, deja huella e impacta.

Para lograrlo, es necesario cambiar el mapa mental de ideas. Porque los líderes muestran siempre el paradigma de hablar de manera muy informativa, llena de contenidos en espiral, largos, densos, pesados, que intentan convencer al público, pero que no lo logran, porque están amarrados a las palabras solo descriptivas, que no generan nada en contundente, no reducen el impacto esperado. Son simplemente presentaciones y comunicaciones efectivas, pero no generativas y mucho menos transformadoras.

El mapa sencillo y práctico que sugiero es así: 1, 2, 3 y la «ñapa».

Explico primero que la «ñapa» es el vendaje, o el pilón, o la feria... de acuerdo al país donde se emplee. Porque es un término comercial muy popular. Consiste en que, al ir a la tienda, el vendedor le da un pan más de regalo por su compra.

Si vamos hablar de manera puntual, directa, atractiva, sugestiva y persuasiva, entonces necesitamos que ese 1, 2, 3 y la «ñapa» sea muy asertivo. Por eso sugiero siempre que identifiquemos cuál concepto debe ir en cada uno de esos puntos del mapa de ideas.

Aquí se lo resumo para su mayor facilidad y claridad. Y sobre todo para sus mayores resultados en la rentabilidad:

Mapa de ideas para una comunicación inteligente (CI):

1. La necesidad del otro.
2. Los beneficios para el otro.
3. El valor agregado para el otro.

La «ñapa»: es su producto o empresa.

Solo de esa manera usted logrará persuadir. Hay que enfocarse como primera opción en la necesidad del otro y no en la suya propia. Este es un error y un vicio común a nivel de empresas. Sus presentaciones y comunicaciones en general le apuntan a hablar en primero, segundo y tercer lugar de ellos, y de sus productos, y solo hasta el final de la reunión, o del texto, dicen algo como: «Por eso para mejorar su entidad... nosotros le tenemos la respuesta».

Debería ser esa la primera frase. Toda comunicación inteligente inicia con la necesidad del otro. Algo así como «para facilitar su...», «para mejorar su...», «para maximizar su...», «para desarrollar su...». Todo enfocado en la necesidad del público.

Dominio del cuerpo y comunicación inteligente

El dominio del cuerpo es parte de la inteligencia comunicacional. A pesar de ello, por siglos, el ser humano ha tendido a olvidarlo y a creer que solo debe preocuparse por alimentar el intelecto y la parte emocional o espiritual. Sin darse cuenta de que todo lo que suceda en su cuerpo está conectado de manera directa con su ser interior.

Descuidamos el cuerpo porque no le hemos dado el valor que merece, como templo del Espíritu. Además, es el portador del alma. Es el lugar visible de donde emergen las emociones, los pensamientos y todas las manifestaciones del ser. Es la pantalla gigante visible en tres dimensiones de la comunicación y de todas nuestras formas de expresión.

En los últimos años se ha empezado a tomar un poco más de conciencia acerca de la importancia de la salud y del cuerpo como portador de esta. Entendemos mucho más que la mayoría de las enfermedades son psicosomáticas. Es decir, que en cuanto nuestro interior emocional comienza a afectarse por depresiones, amarguras, rabias, odios, tristezas, temores, estrés, rencor, falta de perdón... nuestro cuerpo lo empezará a reflejar.

La forma como nos comunicamos está muy determinada por el dominio que tengamos del cuerpo. Cuando comemos mal, no hacemos ejercicio, sobrecargamos el organismo de estrés, manejamos una vida desordenada o malos hábitos alimenticios, nuestra comunicación con los demás comenzará a reflejarlo. Comunicamos el síndrome de la irritabilidad, los problemas de ansiedad, el desánimo, la furia no reprimida, como producto de la falta de cuidado del cuerpo y la salud.

Es notable que las personas con una vida saludable en cuanto a alimentación, ejercicios y buenos hábitos para dormir y descansar, que no fuman, no toman licor en exceso y no trasnochan, no se exceden consumiendo harinas, azúcares y sal, cuidan su colon; evitan que lo afecten los alimentos irritables y protegen su corazón de bloqueos debido a la grasa... son aquellas personas que mejor se relacionan con otros. Porque el sentirse bien físicamente se notará en su apariencia saludable y en la afirmación de su autoestima

Comunicación saludable, más importante que los «resultados»

Los ejecutivos y empresarios manejan unos altísimos niveles de estrés y tienden a olvidarse de cuidarse a sí mismos, debido a que se enfocan solamente en los resultados y la rentabilidad de sus negocios. A ellos les hablo siempre en los programas de capacitación acerca de la urgente necesidad de entender que el cuerpo y la salud son parte determinante de una comunicación inteligente entre individuos y áreas.

Un profesional que pasa más de diez horas en la oficina, con unos niveles de presión cada vez mayores, que no desayuna, ni almuerza bien, toma café y vive con una ansiedad compulsiva por demostrar su efectividad y conseguir las metas, jamás podrá ser un comunicador inteligente.

La salud no solo se nota en lo que come. El dominio del cuerpo tiene que ver también con el adecuado manejo del tiempo. Para que una empresa sea de verdad rentable, debe enfocarse en ser saludable, no solo en alcanzar resultados, a costa de la salud de su equipo humano.

Si un líder me dice que es muy responsable porque se queda tres y cuatro horas más de lo que corresponde a su horario, le digo que está mal. Porque cuando una persona logra llegar temprano y salir a tiempo, por lo general cuenta con una vida saludable fuera de la compañía. Sabe desconectarse y no vive al filo de la línea de tiempo, por causa de su estrés.

Almorzar a tiempo en horarios programados, con comidas balanceadas, de vegetales, proteínas y una sola harina, puede lograr que la persona sea mucho más estable y que, como resultado, logre alcanzar las metas con mucha más facilidad. ¡Y se le va a notar! No solo en el aspecto físico saludable, sino en la forma de comunicarse con los pares, con los directivos y con toda la compañía.

Nos comunicamos según lo que comemos

La salud física, como producto de una vida sana, se reflejará en cada una de las expresiones de ánimo de la persona. Por eso es tan importante para forjar una verdadera comunicación inteligente. «Somos lo que comemos», dice el refrán. Pero yo quisiera agregar algo a este adagio que me encanta y trato de practicar con una alimentación saludable, desde hace algunos años. Para mí, el proverbio podría decir: «Nos comunicamos según lo que comemos». Porque de lo que alimentamos nuestro interior, habla todo nuestro exterior.

Toda nuestra salud depende de lo que comemos. Estamos construidos por millones de células que, para sobrevivir, deben alimentarse bien. La salud de estas estructuras depende de la recepción de los nutrientes que necesitan para funcionar. Lo que comemos determina lo que la sangre transporta a las células, ya sea toxinas o nutrientes.

El dominio que ejerzamos con el cuerpo a través de lo que comemos, determina en gran parte la inteligencia de nuestra comunicación. No es lo mismo el genio de un jefe que a la hora del almuerzo sale y se come un plato fuerte pesado, que uno que llega a la oficina después de un almuerzo balanceado y ligero.

El primero, llegará con ganas de dormir y no querrá ni hablar por la pesadez estomacal. Si le dicen cualquier cosa se irritará de inmediato y no podrá prestar suficiente atención porque la insana digestión de los alimentos que está cargando lo debilita. El segundo, llegará dispuesto, enérgico, con el entusiasmo y el ánimo listo para avanzar en la tarea. Se siente ligero como una gacela, no le da sueño y puede prestar atención sin que le dé mal genio.

La diferencia entre un funcionario de empresa, padre de familia, que sale todas las mañanas a hacer ejercicios y regresa a desayunar de manera frugal, para luego alistarse y llegar a la oficina temprano, con uno que se levanta tarde, no ejercita su cuerpo y sale de mal genio porque va a llegar tarde es que, este último, no elimina las toxinas, por eso llegará al trabajo y no será el más agradable ni productivo. Mientras que el saludable llegará como nuevo y sonreirá, porque se siente bien consigo mismo y con su cuerpo. Más tarde regresará a casa y será capaz de mantener la sonrisa.

Coherencia entre lenguaje, emoción y cuerpo

Si la sangre que alimenta las células es pobre en nutrientes y además intoxicada, la calidad de las células así como la de sus funciones será muy deficiente. Las funciones de estas células no serán las correctas. Lo más preocupante es que gran parte de esas funciones tienen que ver con nuestra capacidad de pensar, sentir y comunicar.

Para lograrlo es necesario evitar los alimentos «chatarra», ya que son bajos en nutrientes y contienen sustancias nocivas como conservadores artificiales, edulcorantes, pesticidas químicos, hormonas...

También se deben evitar otros elementos nocivos para la salud como el exceso de sal, azúcar refinada, grasas saturadas, harinas refinadas y alimentos de origen animal. Todo eso para tener un organismo limpio y libre de toxinas.

Además, es muy bueno comer abundantes frutas y verduras, granos, semillas, frutos secos, germinados, hortalizas, e ingerir líquidos de origen natural como el agua pura, los jugos y algunos tés. Si es posible, procurar por lo menos de una a dos veces al año cumplir un programa de desintoxicación mediante dietas naturales.

Debemos mantener una coherencia suficiente entre lenguaje, emoción y cuerpo. El lenguaje del cuerpo habla por sí mismo. Sin que digamos una sola palabra, las personas recibirán una comunicación clara de nosotros, de acuerdo a la forma en que logremos el dominio del cuerpo.

Este lenguaje del cuerpo se notará tanto en las expresiones informales, del pasillo, como en la comunicación formal de las reuniones trascendentes, en las que la persona debe demostrar, literalmente, de qué está hecho.

Es tan claro, que cuando estamos sobrecargados de estrés y no contamos con dominio del cuerpo y su salud, comenzamos a presentar malestares de acidez en el estómago, dolores de cabeza, de las articulaciones, etc.

El cuerpo es inteligente. De la forma como usted lo gestione dependen las «facturas» que le pasará más adelante por su buena o mala administración, las que se verán reflejadas en los índices de su comunicación.

Dominio de las emociones y comunicación inteligente

El dominio de las emociones es otro factor determinante de la comunicación inteligente. Es en el equilibrio y buen balance emocional donde se conoce a un buen o mal comunicador. Es desde allí, desde las emociones, que el presentador convence o genera ciertas reservas.

También es uno de los dominios de mayor impacto en una empresa y permite alcanzar la conectividad en los equipos. El espacio emocional se construye en la comunicación y las conversaciones. Esta conectividad en los equipos se incrementa cuando predomina la postura positiva sobre la negativa, el ¡Power people!

Aquí entra en juego una competencia comunicacional clave: escuchar. Es necesario que el dominio emocional nos lleve a valorar más al otro, al punto de escucharlo de una manera dinámica y empática. Es decir, con la capacidad de poder colocarlos en su lugar y entender sus necesidades. Se requiere una alta dosis de humildad, capaz de reducir los antivalores de la prepotencia y la arrogancia. La rivalidad, la envidia, los rumores y la insana competencia. Solo de esta manera se podrán gestionar las diferencias entre personas y equipos.

En los equipos de alto desempeño y rendimiento, debe predominar el respeto por las diferencias. Cuando una entidad se encuentra en conflicto, el diagnóstico de la comunicación muestra que existe entre pares una actitud de invalidación y descalificación.

Día a día me convenzo más de que las competencias comunicacionales se relacionan de manera directa con las emocionales. Las personas que logran desarrollar buenos hábitos relacionales —saludar, sonreír, ser amables, interesarse en los sueños de los demás, ser empáticos, construir relaciones afectivas, conectarse con la mirada—, son las que mayor rendimiento les dan a las compañías.

Quiere decir, en definitiva, que la inteligencia comunicacional y la inteligencia emocional van de la mano. No se puede lograr una sin la otra. Se complementan y se retroalimentan. De manera que podríamos afirmar, que la fórmula ideal para el desempeño personal y de los equipos es: IC + IE = Felicidad.

El resultado: éxito y rentabilidad. No lo opuesto. No se puede pensar que el éxito y la rentabilidad llevan a la felicidad, sino al contrario. Es la locomotora de la felicidad la que conduce a la mejor gestión exitosa y rentable. Por eso es tan importante que las empresas y organizaciones se fijen en el mejoramiento de los procesos de comunicación de sus equipos. Solo de esa manera podrán conseguir ser el llamado «mejor lugar de trabajo».

Meditación, para el dominio de la emoción

Debido al nivel de estrés, angustia y presión interna que sufren los líderes, ejecutivos y empresarios, en los últimos tiempos muchas de las compañías que buscan el mejoramiento continuo han optado por la práctica de la meditación para distender a los funcionarios.

Prácticas orientales como el yoga y varias más, algunas centradas en filosofías budistas, japonesas o en el control mental, se han popularizado entre los profesionales que requieren de una salida para el cúmulo de tensión que manejan día a día por las presiones laborales. Buscan el éxito, pero sobre todo, la felicidad.

En mi caso personal, practico la meditación de la Biblia. Es extraordinaria. La reflexión temprana en la sabiduría y el poder que contienen sus principios y valores transforma y edifica la mente, el alma, el espíritu.

Esta clase de meditación busca el negarse a sí mismo para valorar al otro. Al prójimo. Permite descansar de sí mismo. Morir y resucitar con Jesús, para «nacer de nuevo» a una vida feliz, abundante y renovada, que crece día a día y se renueva en el ser interior, por su Espíritu.

Ese tipo de meditación permite descansar plenamente en Jesús. Ayuda a llevar su carga ligera. A ser manso y humilde de corazón, como él. A deleitarse en su amor y sentirse protegido bajo las alas de su Espíritu, donde se adquiere paz única, seguridad, fortaleza y luz para seguir adelante. Donde la mente se renueva por completo. Las heridas del alma se sanan. El cuerpo se rejuvenece. Y el corazón experimenta la profundidad de su inmenso e inagotable amor. Con la esperanza como impulso imparable y la fe como convicción firme del alma. La certeza de lo que se espera.

Deleite = éxito y prosperidad

Para cultivar el principal dominio humano: el dominio propio, como fruto del Espíritu, es necesario mantener el hábito de pasar tiempo en intimidad con Dios. Un tiempo especial, personal, privado, en el que la persona se desconecta de todos sus afanes y logra entrar en su presencia. Cuando se logra llegar a ese nivel de no afanarse por nada, dar gracias por todo, la incomparable e inexplicable paz de Dios llena el corazón y los pensamientos.

Se trata de alcanzar un alto nivel de reflexión, a través de la forma más inteligente de comunicación que puede lograrse: la comunicación con Dios.

Los resultados en cuanto a la salud y el crecimiento espiritual son evidentes. La llenura del Espíritu no solo le brindará la calma, la paz y la plenitud que está buscando, sino que además le permitirá encontrar altos niveles de crecimiento espiritual y transformación personal. Lo comenzará a notar en el dominio de sus emociones, su cuerpo y su lenguaje.

Pero sobre todo, le llevará a alcanzar el éxito deseado. Usted se convertirá en un árbol plantado junto a corrientes de aguas, que da fruto a su tiempo. ¡Y todo lo que haga prosperará!

Dichoso el hombre que [...] en la ley del Señor se deleita, y día y noche medita en ella. Es como el árbol plantado a la orilla de un río que, cuando llega su tiempo, da fruto y sus hojas jamás se marchitan. ¡Todo cuanto hace prospera! (Salmos 1.1–3)

Alcanzará el nivel de desempeño que consiguió Josué como líder. Josué entendió bien el consejo:

Nunca se apartará de tu boca este libro de la ley, sino que de día y de noche meditarás en él, para que guardes y hagas conforme a todo lo que en él está escrito; porque entonces harás prosperar tu camino, y todo te saldrá bien. (Josué 1.8, RVR60)

Recita siempre el libro de la ley *y medita en él de día y de noche;* cumple con cuidado todo lo que en él está escrito. *Así prosperarás y tendrás éxito.* (Josué 1.8, énfasis agregado)

La mejor forma de lograr el dominio del cuerpo, así como el dominio del lenguaje y el dominio de las emociones, es cultivar el **dominio propio del Espíritu** —templanza— y desarrollarlo. Este «fruto» es resultado del crecimiento y la búsqueda constante de la presencia de Dios en su vida.

CAPÍTULO 8

Ontología de la comunicación

*Cómo autoconocer y autorregular su
comunicación inteligente*

Desde sus raíces, el descubrimiento de la inteligencia
de la comunicación es un proceso histórico, a partir del Génesis del
Antiguo Testamento, después con los griegos, más tarde con el Nuevo
Testamento —desde el nacimiento de Jesucristo hasta el Apocalip-
sis—, hasta llegar a lo que se llama hoy la ontología del lenguaje del siglo XXI, que se enfoca cada vez más en el ser y no en la lingüística.

El proceso de la investigación nos conduce a lo que quiero llamar
ontología de la comunicación: el estudio de la comunicación basado
en el ser. Basado en lo que transmitimos, en lo que somos en esencia, no
solo en el saber, tener o hacer, como fue siempre.

En mi libro *El efecto* nos concentramos en la comunicación como
«el potencial de ese "algo" que usted transmite». Aquí profundizamos

más en el tema, con unos pasos más hacia adelante. Después de auto-conocer nuestro efecto, las personas podemos lograr regularnos y empoderarnos como gente de potencial con una marca personal que nos identifique en otra dimensión de la comunicación: ¡Power people!

Mi día a día como mentora empresarial para el empoderamiento de las competencias comunicacionales en las empresas y universidades, me ha despertado una sed especial por ir más allá y alcanzar nuevas fuentes para el crecimiento de los líderes como comunicadores.

Percibo en ellos mismos la necesidad de una comunicación que se enfoque en el lenguaje generativo, pero también en el poder de su propio potencial. En la intensión, el propósito, en los niveles de asertividad de la comunicación, en fin, en todo aquello que implica ser un comunicador de alto nivel de impacto.

Para pasar del básico «saber de», al poderoso «saber cómo... impactar» con todo lo que se dice y hace, a partir de su propio efecto, es necesario entrar en otra dimensión de la comunicación.

Diagnóstico de la comunicación ontológica

Por lo general, los diagnósticos que realizo en entidades a los ejecutivos, empresarios, líderes y universitarios, obedecen al método FODA. Por ser una de las mediciones más sencillas, prácticas y efectivas existentes en el mundo gerencial. Se refiere a la calificación de las

Fortalezas. Oportunidades. Debilidades. Amenazas.

Al aplicarlo a la medición de las competencias de comunicación empresarial, funciona muy bien. Sobre todo cuando se trata del diagnóstico, individual de funcionarios. Por años he ido depurando esta medición y he encontrado que, cada vez más, las personas comunican a partir del «ser» más que del saber. Es impresionante, por ejemplo, en las filmaciones que realizo para cada uno de ellos en talleres de presentaciones de alto impacto; puedo dar la misma instrucción, el mismo tema o el mismo ejercicio y cada uno de los asistentes lo proyecta diferente.

Al comenzar a calificar en la tabla del FODA individual, puedo medir con exactitud matemática las posibilidades de comunicación de cada uno y encuentro que todos se encuentran enmarcados en alguno de los cuatro perfiles de la comunicación.

Medición desde la temperatura interior

Es tan claro para mí que la comunicación se puede medir basada en el ser más que en la repetición rutinaria de conocimientos, que por ello siempre utilizo como marco de referencia el estudio de los temperamentos de los ejecutivos, para llevarlos a una autorregulación de su efecto personal y de su marca particular como gente de potencial.

A mi modo de ver, la más original de todas las mediciones de perfiles humanos es la de Hipócrates (460–336 A.C.) Él es el «padre de la medicina moderna occidental», proveniente de Grecia. Según el pensamiento hipocrático, las personas cuentan con un temperamento que define su salud.

El nombre «temperamento» proviene del latín *temperare*: regular, equilibrar. Y este es traducido del griego: *swjronew* o *sophronéo*: «Ser sobrio» o «estar en sano juicio». La raíz es *swj* o *soph*, que es igual a *sophía, sophós* o sabiduría, sabio. Dato curioso: esta es la misma raíz del nombre Sonia: Sophia, en griego, Sonya en ruso y «sabia» en castellano.

Hipócrates dejó setenta escritos en su obra máxima, recopilada por sus estudiantes en lo que llamaron el famoso *Corpus Hippocraticum*. Su figura es tan relevante para la medicina actual, que hasta el día de hoy los médicos realizan en muchas partes del mundo el legendario juramento hipocrático, para honrar su compromiso con la ciencia médica.

Su escuela se caracterizó por desarrollar un sistema basado en la observación y la experiencia. De esa manera estudiaba la salud y las dolencias humanas. Pensaba que el origen de las enfermedades siempre eran fenómenos naturales. Contrario a lo que los griegos pensaban hasta el momento, todo era producto de la intervención religiosa de los dioses, además de asuntos esotéricos, con raíces mágicas y ocultistas.

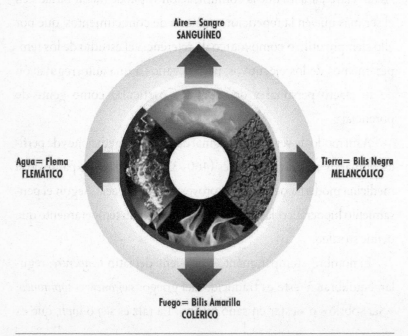

Hipócrates, como padre de la medicina, afirmó que el cuerpo humano tiene cuatro humores básicos, que comparó con los elementos de la naturaleza, así:

Para Hipócrates, la salud humana y las enfermedades, se pueden estudiar a través de la relación directa con la presencia, o pérdida, de estos cuatro humores en los organismos.

Cada una de estas «temperaturas» hipocráticas, se asocia, desde el punto de vista médico y psíquico, con los rasgos específicos de los cuatro elementos naturales vitales. Así mismo en un taller de documentos de alto impacto. La dinámica es tan extraordinaria —como lúdica— que cada vez me gusta más: al dictarles una misma frase y pedirles que la escriban de todas las maneras diferentes posibles, cada uno de ellos escribe oraciones completamente distintas. ¡Con la misma instrucción! ¿Por qué? Pues porque lo que fluye en un documento, no importa si es de lenguaje técnico, es el ser; el cual queda plasmado, impregnado, injertado, en el texto, de manera formidable. Y es allí donde surgen los estilos.

Al analizar, por ejemplo, los correos de los funcionarios de una empresa de doscientas o tres mil personas, lo que podemos percibir es que tanto los líderes como cada persona de su equipo, imparten órdenes y envían mensajes basados en su propio perfil. Por eso el día a día de la comunicación no depende solo de impartición de órdenes rígidas o de seguir formatos preestablecidos. Aunque existan los formatos, la comunicación siempre fluye a partir del ser, de la temperatura interior de cada uno y cuenta con la marca personal.

Si todo esto es así, entonces nos encontramos ante la mejor de las oportunidades para los líderes: podemos brillar, cautivar, encantar, convencer, impactar sin necesidad de convertirnos en autómatas de la comunicación, sin perdernos en el marasmo de los papeles y los correos electrónicos. Podemos «ser» comunicadores. No solo informadores eficaces que hacen bien la tarea y que se jubilarán como buenos empleados, pero nada más.

El líder que impacta con su comunicación pertenece al bando de la gente de potencial: ¡Power people! No solo porque sepa mucho, por su experiencia, por su especialización en Harvard o MIT, por la universidad de la cual egresó ni porque tenga el computador más veloz de la entidad.

Un ejemplar del género ¡Power people! impacta y deja huella porque está bien plantado en quien «es» como persona. Porque quiere transmitir mensajes que trasciendan, más allá de la rutina y de la automatización de una comunicación tradicional y aburrida que, tanto en lo hablado como en lo escrito, puede terminar por disecar su inteligencia comunicacional de manera paulatina y sin que se dé cuenta. Porque la enfermedad de la mala comunicación organizacional y personal es silenciosa, letal. Para la persona y para la compañía entera.

Si las empresas de Latinoamérica, Estados Unidos y el mundo entero entendieran un poco más esta afirmación, acerca de la importancia de implementar la marca ¡Power people!; seguramente contaríamos con entidades que trascienden, impactan, transforman y, además, alcanzan altos índices de rentabilidad.

Imagínese un mundo de empleados y líderes sumergidos en la asertividad. Sería una transformación verdadera que nos llevaría a establecer una cultura de la comunicación inteligente. Ese es mi objetivo como consultora, como mentora, como autora, como conferencista y como mamá.

No podemos continuar pensando que comunicamos solo basados en lo que sabemos o memorizamos. Piense, por un momento, en la importancia de su ser en cuanto a su comunicación en la empresa, la universidad o la familia, de ahora en adelante y todo cambiará. Después de esta pequeña campaña de concientización y sensibilización en cuanto a la importancia de la comunicación inteligente, si me lo permite, regreso al tema de los perfiles personales y la medición FODA. ¿Cuáles cree usted que serían las fortalezas, oportunidades, amenazas con que usted cuenta en su comunicación? ¿Las conoce? ¿Las tiene claras?

La evaluación DISC y la comunicación asertiva

Existen evaluaciones como el sistema DISC, que clasifican cuatro aspectos de la conducta que prueban las preferencias de una persona en referencia a las asociaciones de palabras. Esta evaluación fue publicada por William Marston en su libro *Emotions of Normal People* en 1928, y allí revela la teoría DISC.[1] Él descubre que el comportamiento de las personas podía dividirse en dos ejes: pasivas o activas, dependiendo de cómo perciben el ambiente alrededor: favorable o antagónico. Si ponemos los dos ejes de forma perpendicular, se forman cuatro cuadrantes, cada uno describiendo un comportamiento estándar por esto DISC es un acrónimo que representa lo siguiente:

Dominante, en relación con el control, el poder y la asertividad.

Influyente, en relación con las situaciones sociales y la comunicación.

Sumisión, hoy en día nombrada estabilidad, serenidad en relación con la paciencia, la persistencia y la reflexión.

Cauteloso, en relación con la estructura y la organización.

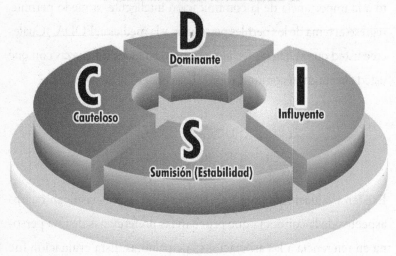

MEDICIÓN DISC
Y COMUNICACIÓN INTELIGENTE CI

Perfil «D»: dominante, orientado a las tareas y extrovertido

Las personas «D» son activas para enfrentar el día a día. Les gustan los retos y desafíos y se orientan a los resultados. Mantienen el control y son autosuficientes para lograrlo. Superan los obstáculos con tenacidad y persistencia. Se enfocan en el desempeño exitoso.

Sus fortalezas tienen que ver con la efectividad en el logro. Aceptan los desafíos y nuevos retos sin problema. Pueden tomar decisiones con autonomía. Aprovechan al máximo el tiempo. Muestran un alto nivel de autoridad sobre los demás.

Se sienten a gusto en posiciones que demandan autoridad y representan poder. Son líderes natos. Necesitan, para lograr sus objetivos, sentir espacios de libertad y amplias oportunidades para cumplir sus metas y objetivos.

Son exigentes consigo mismos y con los demás. Esperan que le respondan de inmediato y sin rodeos. Necesitan un ambiente amplio para el desarrollo y la innovación.

Sus debilidades son: por lo regular son obstinados y ansiosos en cuanto a la consecución de los logros. Pueden llegar a sufrir explosiones de ira cuando no se logran como, cuando y donde él quiere. Esto lo hace ver insensible ante los demás y puede tornarse ofensivo e hiriente.

Quiere llegar al objetivo, sin importar las consecuencias en el camino. Su nivel de competitividad es demasiado alto, por lo cual puede convertirse en un dictador para la gente. Le cuesta desarrollar competencias de trabajo en equipo.

Perfil «I»: influyente, orientado a las personas y súperextrovertido

Las personas «I» son encantadoras y persuasivas. Les encanta agradar a los demás y ser el centro de la atención. Cuentan con un altísimo nivel de influencia en el equipo. Tienen capacidad para hablar en público. Son considerados cálidos, entusiastas, magnéticos y muy optimistas.

Su propósito es ser motivadores de los demás y lo consiguen con facilidad. Porque eso son en esencia: motivadores puros. Les interesa mucho expresarse y mostrar sus emociones. Son regulados y controlados por su emocionalidad. Les gusta que les presten atención y les escuchen. Como líderes, cuentan con una inmensa capacidad para influenciar.

Sus fortalezas: por su capacidad para mantener relaciones, consiguen bases de datos de contactos y conexiones clave para su desempeño. Les encanta hacer «puentes» para relacionar personas. Por lo general causan muy buen impacto y consiguen altos niveles de simpatía. Son buenos comunicadores. Se les considera la «chispa» del lugar, porque a su alrededor siempre infunden ánimo y promocionan a los otros. Les gusta ayudar a los demás a conseguir sus metas y tienden a resolverles sus asuntos.

Les interesa mucho saberse apreciados y valorados. Por eso esperan reconocimiento y mejor si es en público. Les gusta la diversión y los espacios amenos donde puedan compartir su alegría y manifestar su carácter espontáneo. No les gustan las labores que exigen mucho detalle y atención prolongados. Prefieren los ambientes amenos donde se sientan felices.

Sus debilidades: tienden a distraerse con facilidad. Por eso mismo no concluyen lo que inician. Son subjetivos en cuanto a las decisiones y mantienen un optimismo a veces subjetivo y poco analítico. Les gusta hablar mucho y reaccionan en forma impulsiva.

Por su necesidad de agradar a otros y el temor al rechazo, se comprometen demasiado. Para evitar la soledad, buscan siempre la compañía de otras personas.

Perfil «S»: sereno, orientado a las personas e introvertido

Las personas «S» quieren un ritmo constante, seguridad y no les gusta el cambio repentino. Los individuos con puntuaciones altas «S» son tranquilos, relajados, pacientes, posesivos, previsibles y deliberadores, estables, constantes, tienden a no mostrar emociones. Les gusta el cambio y la variedad. Los individuos con puntuaciones bajas «S» son descritos como inquietos, demostrativos, impacientes, ansiosos e impulsivos.

La meta principal del sereno es lograr la estabilidad y la armonía en su entorno. Quiere apoyar a otros y hacer que existan relaciones ordenadas. Una persona serena se siente motivada cuando hay que trabajar con otros en equipo.

Sus fortalezas: el S solo acepta formas de trabajo que hayan sido definidas clara y previamente, ya que tiende a sentirse inseguro cuando no hay claridad en lo que debe hacer. El S prefiere permanecer en un mismo sitio de trabajo el resto de su vida, especialmente si este le ofrece garantías como seguridad personal, laboral y social. Esto se debe principalmente a que tiene dificultad con los cambios repentinos, no preparados. Suele ser paciente y especializarse en un área. Ya que es responsable, se concentra en las tareas que tiene que hacer hasta que las termina. Se caracteriza por ser leal, mostrar fidelidad y ser un buen oyente, por lo cual los demás lo consideran un verdadero amigo. Debido a su forma calmada de ser, tranquiliza fácilmente a las personas intranquilas o agitadas.

Para sentirse cómodo, el S requiere de un ambiente con las siguientes características: deben existir procesos ordenados y eficaces, con explicaciones argumentadas para los cambios, especialmente si estos son repentinos. Lo menos posible de influencia del trabajo en la esfera familiar. El S espera reconocimiento por el trabajo hecho y un área de tareas delimitada, además de valoración sincera y real. Desea ser parte de, e identificarse con, un grupo.

Sus debilidades: debido a su dificultad para adaptarse a los cambios, el S se opone inicialmente a todos ellos. Por eso debe preparársele con antelación para cualquier clase de cambio que surja. Bajo presión, no es fiel con los plazos definidos y se vuelve demasiado tolerante e indulgente, lo cual le resta autoridad si se encuentra en una posición de liderazgo. Suele ser indeciso, pues carece de iniciativa propia. Por ello puede llegar a aplazar las cosas demasiado. En su deseo de agradar a otros y lograr la armonía, puede posponer los suyos. A veces se vuelve demasiado dependiente de las relaciones, pero si es necesario puede también trabajar solo.

Perfil «C»: cauteloso. Escrupuloso e introvertido y orientado a las tareas

Las personas «C» se adhieren a las normas, reglamentos y estructura. A ellos les gusta hacer un trabajo de calidad y hacerlo bien la primera vez. Las que son altas C tienen cuidado, son prudentes, exigentes, ordenadas, sistemáticas, diplomáticas, precisas y discretas. Las personas C con bajas puntuaciones les gusta desafiar las reglas, quieren la independencia y se describen como obstinadas, tercas, no sistemáticas, arbitrarias y no se preocupan por los detalles.

La meta principal del cauteloso es hacer lo correcto «correctamente». Él desea evitar a toda costa los conflictos y enfatiza la precisión, la calidad y la exactitud. La persona cautelosa se siente motivada cuando hay que aplicar formas de trabajo conocidas y eficaces a fin de lograr la calidad.

Sus fortalezas: el C sigue normas y reglamentos sin ningún problema, pues le generan un sentimiento de seguridad. Prefiere concentrarse en los detalles más que en el proceso o las relaciones. Trabaja muy bien bajo condiciones claramente definidas y reglamentadas. Debido a que no gusta de mostrar ningún tipo de debilidad, es muy diplomático. Eso se debe principalmente a su búsqueda de la exactitud. El C no solo espera lo mejor de los demás, sino especialmente de sí mismo, lo que le lleva a frustrarse si sus expectativas no se cumplen. Suele pensar de forma crítica y es visto por los demás como negativo y aguafiestas. Se somete con facilidad a la autoridad impuesta y la defiende.

Para sentirse cómodo, el C requiere de un ambiente con las siguientes características: garantía de seguridad laboral y formas de trabajo definidas, todo dentro de un ambiente laboral protegido. El C requiere de reconocimiento por el trabajo y la calidad lograda, que no existan cambios repentinos e imprevistos en su área de trabajo. Es importante que sea parte de un grupo de trabajo, aunque muchas veces preferirá laborar solo, pues no confía en la calidad de los demás. También necesita mantener formas de trabajo comprobadas, mientras se mantenga la calidad.

Sus debilidades: debido a su perfeccionismo, suele enfrascarse en detalles y pormenores, y no terminar un proyecto, ya que «nunca es lo suficientemente perfecto». Por esa misma razón tiene dificultades para soltar y delegar, ya que cree que los demás no pueden hacerlo tan bien como él. El C se rige exactamente según las reglas y es inflexible con ellas, aun cuando se requiera flexibilizarlas. Tiene miedo de ser quien cometa los errores y por eso se fija estándares muy altos y se juzga a sí mismo con dureza. Por ese mismo temor duda en probar y ensayar con nuevas cosas. Es muy sensible ante la crítica personal, pues presupone una falta de perfección y calidad en sí mismo. Piensa de forma demasiado cuidadosa y pesimista, pues anhela el máximo de calidad en lo que hace.

Evaluación y medición

Test para gente de potencial
¡Power people!

Por favor, complete el siguiente cuestionario contestando SÍ o NO, recordando lo leído en este libro. Al final encontrará la tabla de respuestas que le permitirá comparar para medir su nivel de Inteligencia comunicacional. ¡Éxitos!

20 preguntas para medir su nivel de Comunicación Inteligente.	**SÍ**	**NO**
1. El poder de la inteligencia comunicacional se mide por la cohesión de dos elementos: ser y saber.		
2. Un comunicador sin originalidad solo transmite malas copias de lo que los demás dicen.		
3. Ser auténtico es fácil, no se requiere ni ensayar ni equivocarse.		
4. Una comunicación vivencial, lúdica y experiencial no logra persuadir a las personas.		
5. El storytelling es una forma de comunicarse muy atractiva y divertida, que convierte los eventos en cuentos e historias, acompañadas de sonido e ilustraciones.		
6. Los tres principios que fundamentan la andragogía son: participación, horizontalidad y flexibilidad.		
7. Quien practica una comunicación andragógica es un educador que convierte los espacios de aprendizaje en una experiencia aburrida y poco innovadora.		
8. Son siete los indicadores de la marca ¡Power people!: ánimo, ganas, seguridad, energía, fuerza interior, inteligencia emocional y espiritual, y asertividad.		
9. Los seres humanos estamos diseñados para la comunicación desde el hacer y el tener.		
10. El pensamiento flexible evita reorganizar el objetivo y asumir los cambios como un factor de éxito, no de conflicto.		
11. La capacidad de reír, en medio de cualquier circunstancia, o estado de ánimo, muestra de qué está hecha una persona. La risa de un ¡Power people! es uno de los indicadores de su manejo de las situaciones.		
12. La gente de potencial sabe que cuenta con un poder superior: el poder de la comunicación inteligente.		
13. El poder de la comunicación inteligente se encuentra en el equilibrio entre la fuerza de las habilidades y destrezas para expresarse y proyectarse.		
14. El comunicador más contundente de la historia contaba con esa unción necesaria para mostrar autoridad y poder.		
15. Al unir la confianza y la estima se logra un efecto positivo en los resultados de la vida diaria.		
16. Debemos subir por la escalera de la vida, para alcanzar el crecimiento espiritual. Para subir y no bajar, necesitamos establecer una relación equilibrada entre nuestro espíritu, nuestra mente y nuestro cuerpo.		
17. Ser un comunicador no asertivo es tener el justo equilibrio, entre no ser ni agresivo ni pasivo.		

20 preguntas para medir su nivel de Comunicación Inteligente.	SÍ	NO
18. Los dominios primarios son: el dominio del cuerpo, el dominio de la emocionalidad y el dominio del lenguaje.		
19. Hipócrates afirmó que el cuerpo humano tiene humores básicos, que comparó con elementos de la naturaleza, así: Aire = Sangre= Flemático, Agua = Flema = Sanguíneo.		
20. Los cuatro perfiles DISC son: decidido, ingenuo, sencillo y clásico.		

TABLA DE RESPUESTAS

RESPUESTAS	NÚMERO DE PREGUNTA																			
SÍ →	1	2			5	6		8			11	12	13	14	15	16		18		
NO →			3	4			7		9	10							17		19	20

AGRADECIMIENTOS

A mi excelente equipo de colaboradores:

Raul Escobar Alzate, Coach Internacional
En Colombia
    Adriana Horta, asistente administrativa
    Leidy Medina, asistente de comunicación
    Mónica Montoya, jefa de prensa
    David Muriel, gráfico
    Ildefonso Trujillo, fotógrafo

En Costa Rica
    Jairo Rivera y Yohaidy Rodriguez
En México
    Gabriela Mata
En Miami
    Jeanethe Gracia Trejos

NOTAS

Epígrafe

1. Ernest Hemingway, citado en Gaspar Hernández, *El arte de vivir* (Barcelona: Luciérnaga, 2011), p. 44.

Capítulo 1

1. «Steve Jobs' 2005 Stanford Commencement Address», 12 junio 2005, http://www.youtube.com/watch?v=UF8uR6Z6KLc.

2. Jorge Bucay, *De la autoestima al egoísmo* (Buenos Aires: Editorial del Nuevo Extremo, 2006), p. 35.

3. Ken Robinson, experto en desarrollo de la creatividad, en una entrevista realizada por Eduard Punset en el programa Redes del canal RTVE, 4 marzo 2011, España.

4. Nathaniel Branden, *Cómo mejorar su autoestima*, Colección Biblioteca Nathaniel Branden (Barcelona: Paidos, 2010), p. 49.

5. Jean Paul Sartre, *El ser y la nada*, citado en Millard Erickson, *Teología sistemática* (Barcelona: Clie, 2008), p. 46.

6. Citado en Rodríguez Álvarez y Nestor Roberto, *Los secretos de la flor de los valores* (Lima: Fondo Editorial Cultura Peruana, 2006), p. 115.

7. Sonia González, *El efecto: descubra la riqueza de ese algo que usted transmite* (Nashville, TN: Grupo Nelson, 2013).

8. Arturo Schopenhauer, *Eudemonología: pensamientos escogidos* (Madrid: Ediciones Ibéricas, 1961), p. 227.

9. «Steve Jobs' 2005 Stanford Commencement Address», 12 junio 2005, http://www.youtube.com/watch?v=UF8uR6Z6KLc.

10. «Joel Osteen en Español - Programa tu mente para la victoria (Programming Your Mind for Victory)», http://www.youtube.com/watch?v=li-Y9WDNpTs.

11. «I Believe in Latin America - Yo Creo en América Latina, Pedro Medina», http://www.youtube.com/watch?v=jlCy67nzEmY.

12. «Conferencia Pedro Medina (Panbasa)», http://www.youtube.com/watch?v=be4QyZhWzdo.

13. Henry Ernesto Pérez Ballén «Storytelling para construir contenidos educativos: dos casos exitosos», ponencia en http://www.virtualeduca.org, Colombia, 2013.

14. Christian SALMON, *Storytelling: la máquina de fabricar historias y formatear las mentes* (Barcelona: Península, 2008), p. 29.

15. Félix Adam, «Andragogía, ciencia de la educación de adultos» (Caracas: Publicaciones de la presidencia, 1977).

16. Gráfico basado en el modelo de David Kolb. Ver "Modelo de David Kolb, aprendizaje basado en experiencias", http://www.cca.org.mx/profesores/cursos/cep21/modulo_2/modelo_kolb.htm.

Capítulo 2

1. González, *El efecto*, p. 77.

2. Gabriel García Márquez, *Vivir para contarla* (México: Diana, 2002), p. 512.

3. Gabriel García Márquez, *Vivir para contarla* (Barcelona: Random, 2002), p. 418.

4. «Ánimo», *Diccionario de la Real Academia Española*, http://lema.rae.es/drae/?val=%C3%A1nimo.

5. «Ánimo», Diccionario de la lengua española © 2005, http://www.wordreference.com/definicion/%C3%A1nimo.

6. Daniel Goleman, Richard Boyatzis y Annie Mckee, *El líder resonante crea más* (Barcelona: Plaza y Janes Editores, 2002).

7. Citado en Clara Isabel Arango, «El cerebro emocional: las emociones como estrategia de supervivencia», *Revista Poiésis* 6, no. 11 (junio 2006),

http://www.funlam.edu.co/revistas/index.php/poiesis/article/viewFile/419/395.

8. Sonia González, *Habilidades de comunicación y escucha* (Nashville, TN: Grupo Nelson, 2011).

9. Albino Gómez, «Habitamos en el lenguaje», *La nación*, 3 marzo 2010, http://www.lanacion.com.ar/nota.asp?nota_id=1239055&origen=NLOpi.

Capítulo 3

1. Albert Einstein, «Mi credo humanista», trad. por Alfredo Llanos y Ofelia Menga (elaleph.com, 2000), p. 23.

2. Elbert Hubbard, *Tiempo y cambio* (1899), citado en Velez Fredy Rivera, *Inteligencia estratégica y prospectiva* (FLACSO, Sede Ecuador: Secretaría Nacional de Inteligencia del Ecuador, 2011), p. 25.

3. Miguel de Unamuno, citado en Jack Trout, Steve Rivkin y R. Peralba, *El poder de lo simple* (Madrid: McGraw-Hill, 1999), vol. 1, p. 13.

4. Sonia González, *Habilidades de comunicación escrita* (Nashville: Grupo Nelson, 2011).

5. José Saramago, citado en Guillermo Fernández Vara, «La memoria nos lo asegura: es posible», *Pliegos de Yuste*, no. 11–12 (2010): p. 11, www.pliegosdeyuste.eu/n1112pliegos/pdfs/11-12.pdf

6. Sonia González, *Habilidades de comunicación hablada* (Nashville: Grupo Nelson, 2011).

7. Ver Daniel Samper Pizano, «Las trampas de GOG», eltiempo.com, 5 octubre 2011, http://www.eltiempo.com/archivo/documento/CMS-10503207, donde dice: «Una de las personas que más influencia tuvo —durante varias décadas del siglo XX— en la divulgación de la cultura en Colombia fue Gonzalo González Fernández, primo del Nobel Gabriel García Márquez y más conocido por el seudónimo de GOG».

8. «Pusilánime», *Diccionario de la lengua española* © 2005 Espasa-Calpe, http://www.wordreference.com/definicion/pusil%C3%A1nime.

9. Bunge, Mario, *Diccionario de filosofía* (México: Siglo Veintiuno), p. 136.

10. «Concepto de pensamiento estratégico», http://deconceptos.com/general/pensamiento-estrategico.

11. Walter Riso, *El poder del pensamiento flexible* (México: Océano, 2012), p. 13.

12. Miguel Zaldívar Carrillo, Yamilka Sosa Oliva y José López Tuero, «Definición de la flexibilidad del pensamiento desde la enseñanza», *Revista Iberoamericana de Educación* 37, no. 4 (2005), p. 1.

13. Bucay, *De la autoestima al egoísmo*, p. 35.

14. Citado en Mercè Conangla y Jaume Soler, *La ecología emocional* (Barcelona: Amat, 2009), p. 221.

15. Citado en José Mario Iñigo y Antonio Aradillos, *El libro de la felicidad* (Madrid: EDAF, 2001), p. 87.

16. Citado en Gómez Jorge Salcedo, *El humano social anti-natural* (México: Editorial Plaza y Valdés, 2012), p. 45.

17. Moreno Ciriaco Izquierdo, *La alegría y entusiasmo de vivir* (Lima: Paulinas, 2005), p. 64.

18. Elena Sanz, «¿Por qué la risa es buena para la salud?», 10 marzo 2010, http://www.muyinteresante.es/salud/preguntas-respuestas/ipor-que -la-risa-es-buena-para-la-salud.

19. Citado en Ricardo Israel, *El libro de las verdades* (Santiago de Chile: Ril, 2011), p. 20.

20. Ver WebConsultas, «Reír es saludable», http://www.webconsultas.com /curiosidades/curiosidades/reir-es-saludable-49.

Capítulo 4

1. Ver González, *El efecto*, p. 140.

Capítulo 5

1. Biografía consultada: «Breve biografía de un destacado líder cristiano», http://estudios-biblicos.avanzapormas.com/liderazgo/liderazgo -cristiano-jonh-maxwell-biografia.html.

2. John Maxwell, *Seamos personas de influencia* (Nashville: Grupo Nelson, 1998), p. 51.

3. John Maxwell, *El lado positivo del fracaso* (Nashville: Grupo Nelson, 2000), p. 17.

4. John Maxwell, *Liderazgo Excitante*, Recursos Injoy.com, http://www. scribd.com/doc/19341827/Liderazgo-Excitante-John-Maxwell, p. 72.

5. John Maxwell, *Los 21 minutos más poderosos en el día de un líder* (Nashville: Grupo Nelson, 2001), p. 202.

6. Ibíd., p. 148.

7. John Maxwell, *Actitud de vencedor* (Nashville: Grupo Nelson, 1997), p. 105.

8. Maxwell, *El lado positivo del fracaso*, p. 82.

9. Rupert L. Swan, *El método Obama* (Barcelona: Random House Mondadori, 2009), p. 19.

10. Ibíd.

11. «Una mujer interrumpe a Obama en un discurso», video CNN México, 23 mayo 2013, http://www.youtube.com/watch?v=thPxXcA3dps.

12. Swan, *El método Obama*, p. 29.

13. Discurso del senador Barack Obama en la Convención Nacional Demócrata, 26–29 julio 2004, http://es.groups.yahoo.com/group/tumi/ message/66578, párrafos 16 y 17.

14. Elboomeran.com, «La Fe de Barack Obama», http://www.elboomeran. com/obra/109/la-fe-de-barack-obama/, resumen del libro de Stephen Mansfield, *La fe de Barack Obama* (Nashville: Grupo Nelson, 2008).

15. Mansfield, *La fe de Barack Obama*, p. xxi.

16. Datos bibliográficos parafraseados de Biografías y Vidas, «Pablo Coehlo», http://www.biografiasyvidas.com/biografia/c/coelho_paulo.htm.

17. Paulo Coelho, *Veronika decide morir* (Barcelona: Planeta, 1998).

18. Paulo Coelho, *Vida-Citas Selectas* (Buenos Aires: Vergara & Riba Editoras, 2008), p. 40.

19. Paulo Coelho, *Once minutos* (Barcelona: Planeta, 2003), p. 111.

20. Paulo Coelho, *Manual del guerrero de luz* (Barcelona: Planeta, 2011).

21. Paulo Coelho, *El demonio y la señorita Prym* (Barcelona: Grijalbo, 2000), p. 3.

22. Paulo Coelho, *Palabras escenciales* (Buenos Aires: Vergara & Riba Editoras, 2005), p. 110.

23. MundoEva.com, «Consejos de Bernardo Stamateas para mejorar la autoestima», www.mundoeva.com/reflexiones/490-bernardo-stamateas-autoestima.

24. Datos bibliográficos basados en «Biografía de Bernardo Stamateas», http://www.stamateas.com/site/index.php/Generales/biografia -de-bernardo-stamateas.html.

25. Fundación AXA, «El Foro de Debate Fundación AXA presenta el libro 'Emociones tóxicas'», nota de prensa, 23 mayo 2012, http://www.axa.es/ Seguros/imagenes/AXASeguros-Stamateas_tcm5-7598.pdf.

26. Bernardo Stamateas, *Gente tóxica* (Buenos Aires: Ediciones B, 2010), p. 15.

27. Ibíd., p. 17.

28. Ibíd., p. 19.

29. Ibíd., p. 25.

30. Ibíd., p. 68.

31. Ibíd., p. 72.

32. Ibíd., p. 83.

33. Ibíd., p. 148.

34. Ibíd.

35. Ibíd., p. 165.

36. Ibíd., p. 174.

37. Ibíd., p. 181.

38. Ibíd., p. 201.

39. Ismael Cala, *Cala contigo: el poder de escuchar* (Nueva York: Penguin Group, 2013), p. 56.

40. Ibíd., pp. 56–57.

41. Datos bibliográficos compilados de Clary Castro y Óscar González, «Un recorrido por la vida de CALA», La Prensa Gráfica, 28 septiembre 2012, http://www.laprensagrafica.com/fama/espectaculos/284561-un-recorrido -por-la-vida-decala y Tania Tinoco, «Ismael Cala: "Yo soñé con conquistar el mundo"», RevistaHogar.com, http://www.revistahogar.com/ impresa/entrevista.php?edicion=575.

42. Ismael Cala, *Cala contigo: el poder de escuchar* (Nueva York: Penguin Group, 2013), p. 56.

43. Ibíd.

44. Ibíd., p. 57.

45. Ibíd.

46. Ibíd.
47. Ibíd., p. 97.
48. Ibíd., p. 98.
49. Ibíd., p. 99.
50. Ibíd., p. 113.
51. Ibíd., p. 124.
52. Ibíd., p. 135.
53. Ibíd.
54. Ibíd., p. 174.
55. Bárbara Palacios, *La belleza de saber vivir* (Nashville: Grupo Nelson, 2010).
56. Bárbara Palacios, *Lejos de mi sombra, cerca de la luz* (Nashville: Grupo Nelson, 2012).
57. Palacios, *La belleza*, p. 25.
58. Ibíd., p. 55.
59. Ibíd., p. 101.
60. Ibíd., p. 141.
61. Ibíd., p. 181.
62. Max Lucado, *Gracia: más que lo merecido, mucho más que lo imaginado* (Nashville: Grupo Nelson, 2012).
63. Datos bibliográficos compilados de «About Max Lucado», http://maxlucado.com/about/max-lucado/.
64. Max Lucado, *Gracia* (Nashville: Grupo Nelson, 2012), p. 7.
65. Max Lucado, *Cuando Dios susurra tu nombre* (Nashville: Grupo Nelson, 2012), p. 51.
66. Ibíd.
67. Ibíd., p. 52.

Capítulo 6

1. «Steve Jobs' 2005 Stanford Commencement Address», 12 junio 2005, http://www.youtube.com/watch?v=UF8uR6Z6KLc.
2. González, Sonia, *El efecto*, p. 107.

3. Juan Luis Guerra, «Apaga y vámanos», del disco *A son de guerra* (EMI, 2010).
4. Ibíd.
5. Daniel Goleman, *La inteligencia emocional* (Barcelona: Zeta Bolsillo, 2008).

Capítulo 7

1. González, *El efecto*, p. 48.
2. Rafael Echevarría, *Ontología del lenguaje* (Santiago de Chile: JC Sáez Editor, 2013), edición Kindle, cap. 1.
3. Ibíd.
4. Ibíd.
5. El gráfico es de creación propia pero basada en algunos postulados de Rafael Echevarría, autor de *Ontología del lenguaje*.
6. Echevarría, *Ontología del lenguaje*, edición Kindle, cap. 1.

Capítulo 8

1. William Moulton Marston, *Emotions of Normal People* (Gran Bretaña: Devonshire Press, Torquay, 1928; reimpr. Inglaterra: Cooper Press, 2007).

ACERCA DE LA AUTORA

Sonia González A., fundadora y directora de SGA Consulting & Mentoring es reconocida autora de *bestsellers*, conferencista y mentora internacional para el desarrollo de competencias en comunicación, liderazgo y valores. Es la autora de *El condor herido* y del capítulo colombiano de *Rostros de la violencia en América Latina y el Caribe* de World Vision International. Ha sido colaboradora en medios de comunicación en Colombia, como *El Tiempo, El Espectador, Diners* y *Credencial.* Desde su país Colombia, viaja por todo Latinoamérica dando programas de entrenamiento empresarial. Es presidenta de la Fundación Cielo Nuevo y ha dirigido publicaciones especializadas como la Revista *DAR!* que circuló con *El Tiempo* en Colombia y *El Nuevo Herald* en Miami y el sur de la Florida.